W0414213

Le guide de SURVIE des MAMANS débordées

RiM
Liliaimelenougat

Hugo Image

Ouvrage dirigé par Florence Pierron-Boursot
Conception graphique : Laetitia Kalafat
Relecture et corrections : Caroline Fait

34-36, rue La Pérouse
75116 Paris
www.hugoetcie.fr

ISBN : 9782755629750
Dépôt légal : Avril 2017

Le GDSDMD, c'est pour :

les mamans qui ont un métier ET celles qui n'en ont pas ;
les mamans qui savent bricoler ET celles qui demandent à papa ;
les mamans qui font les meilleurs gâteaux au monde
ET celles qui font les meilleurs surgelés au micro-ondes ;
les mamans qui ont une Ferrari ET celles qui n'ont pas le permis ;
les mamans qui mangent des brocolis bio ET celles qui préfèrent le McDo ;
les mamans qui sont très bien élevées
ET celles qui mangent leurs crottes de nez ;
les mamans qui savent compter ET celles sur qui on peut compter !

Et surtout... pour toutes les mamans
qui ont besoin de souffler !

Super Mum

Ok.
Mais le slip
sur le collant
c'est vraiment
nécessaire ?
Super
Maman

SUPER MUM

C'est quoi être une SUPER maman ?

ÊTRE UNE SUPER MAMAN, C'EST UN JOB À PLEIN TEMPS.

Faut SUPER POUVOIR tout faire en même temps : les courses, les couches, la douche, la bouffe, le parc, les sacs, le goûter, le dîner, le balai, quand ils mettent tout à côté.
Gérer les **super**-punitions, répondre aux **super**-questions !

La **super**-maman doit SUPER POUVOIR tout anticiper, être toujours prête à toute éventualité.

Quand elle ne sait pas pourquoi il pleure,
quand elle ne sait pas comment s'y prendre,
quand elle voudrait dire au vendeur :
« Y a un problème : faut le reprendre ! »,
elle doit faire baisser la tension, pour ne pas transformer la chair de sa chair en **super**-saucisson !
La **super**-maman doit garder son sang-froid, au moins 4 000 fois dans le mois.

Elle doit réfléchir plus vite que la lumière, pour toujours savoir quoi faire.

Faut SUPER POUVOIR mettre les mains un peu partout : dans le caca, dans le pipi, dans le vomi, dans les p'tits trous !

Faut SUPER POUVOIR faire descendre la fièvre, trouver les bons médicaments – les **super**-bisous magiques, ce sont ceux qui marchent le mieux, généralement !

Faut SUPER POUVOIR tout faire sans bruit, quand ton **super**-enfant est enfin endormi.

Faut aussi SUPER POUVOIR voir dans le noir, sortir de sa chambre, sans se cogner dans sa p**** de **super**-armoire.
Quelle que soit l'heure, les super-mamans doivent toujours être au top.
D'ailleurs, les **super**-mamans deviennent souvent nyctalopes.

Faut SUPER POUVOIR raconter des **super**-histoires, avec des voix de fantômes, de fées, de fous.
Faire des **super**-câlins, des **super**-guilis, et des **super**-bisous.
Trouver des **super**-idées pour les amuser ou les consoler.
Inventer des **super**-solutions pour 365 000 super-occasions.

La **super**-maman peut aussi être en panne d'inspiration, et être à deux doigts de péter les plombs !

Avant j'avais des principes

1. Je m'appelle Amélie.
2. J'ai un grand lit pour moi et mon chéri.
3. Je tiens tête à mon boss.
4. C'est moi qui commande.
5. Chez moi, c'est toujours bien rangé et décoré.
6. Je parle normalement.
7. Je finis mes phrases par : « Tu vois ? »
8. C'est quoi, ce bordel ?
9. Mon mec me rend ouf !
10. ....

MAMAN

Maintenant J'ai des enfants

1. Je suis la maman de Sacha.
2. On dort à trois dans mon lit.
3. Je regarde des dessins animés à 7 h du mat'.
4. Je cède aux cris, aux caprices.
5. Chez moi, c'est une annexe de Toys'R'us.
6. Je parle *#@%*.
7. Je finis mes phrases par : « Hop, là ! »
8. C'est quoi, ce bazar ?
9. Mon môme me fait tourner en bourrique.
10.......................

Vous l'avez compris, avec les enfants : Capri c'est fini !

VOTRE ENFANT, C'EST LE SEUL QUI VOUS AILLE, JE VOUS LE DIS SANS FAILLE, MAIS RESTEZ COOL, BÉBÉ, CAR VOUS POUVEZ DIRE BYE-BYE À :

- ☐ Faire pipi tranquille.
- ☐ Les grasses matinées.
- ☐ Les sorties entre filles.
- ☐ Les dîners spontanés.

- ☐ Les coups de fil ininterrompus.
- ☐ Les soirées sans parler d'enfants.
- ☐ Les apéritifs impromptus.
- ☐ Manger des bonbons tranquillement.

- ☐ Tout le week-end en pyjama.
- ☐ Regarder des films toute la nuit.
- ☐ Les mercredis entre nanas.
- ☐ Faire un marathon de séries.

- ☐ Bouquiner sur le canapé.
- ☐ Aller tous les soirs au resto.
- ☐ Dire des gros mots sans s'excuser.
- ☐ Boire votre café ou votre thé chaud.
- ☐ Le silence !

- ☐ Ne pas jouer au ballon.
- ☐ Avoir un frigo vide.
- ☐ Ne pas avoir de bide.

- ☐ Fumer dans le salon.

- ☐ Ne pas savoir quelle heure il est.
- ☐ Enchaîner deux ou trois nuits blanches (enfin, si... ça vous le ferez, mais pas pour les mêmes raisons...).

- ☐ Avoir une maison bien rangée.
- ☐ Manger de la brioche en tranches (bon, ça, en fait, vous y avez encore droit !).
- ☐ Sortir d'chez soi sans prendre de sac.
- ☐ Se mettre les pieds sous la table.
- ☐ Ne pas partager son Galak.
- ☐ Aller à la plage sans le sable.

- ☐ Rester trois heures dans le bain + une heure à se mettre de la crème.
- ☐ Passer trois jours sans faire une lessive et sortir la poubelle.

Mais, promis, juré, ça n'vous arrivera plus jamais de vous sentir mal aimée !

« Noter ici votre liste de vos petits
et grands renoncements»

SUPER MUM

Êtes vous un cliché ambulant ?

COCHEZ LES PHRASES QUI VOUS CORRESPONDENT.

- ☐ Je rêve de pouvoir rester au lit toute la journée (ou, au pire, sur le canapé).
- ☐ Je ne me douche pas tous les jours.
- ☐ Je dis « Non ! » vingt fois par jour.
- ☐ Quand je me lève à 9 heures, je me dis : « Oh, là, là ! J'ai trop bien dormi ! »
- ☐ Quand je fais les magasins, je finis toujours au rayon bambin.
- ☐ Je connais toutes les comptines.
- ☐ Je cherche tout le temps une tétine.
- ☐ J'ai racheté deux fois le même doudou (on n'sait jamais : juste au cas où !).
- ☐ Je parle couramment bébé.
- ☐ Mon activité, ce n'est plus yoga, mais pâte à modeler.
- ☐ Tous mes coups de téléphone sont interrompus 500 ou 600 fois.
- ☐ J'ai revu tous les Walt Disney et vu ceux que je ne connaissais pas.*
  **** D'ailleurs, je voudrais bien en être « libérée, délivrée »...***
- ☐ Mon enfant, c'est le plus intelligent, le plus beau, le plus marrant.
- ☐ J'ai 30 800 photos et 8 500 vidéos par an.
- ☐ Je parle tout le temps de ma fille et/ou de mon fils (ses blagues, ses nuits, ses vices, la taille d'ses orifices, et même les rougeurs sur ses cuisses !).
- ☐ Je me couche à 23 heures.
- ☐ J'ai deux baby-sitters.
- ☐ Quand je sors au resto, je regarde ma montre toutes les demi-heures (et j'envoie 8 textos entre l'entrée et le plat chaud !).
- ☐ Si je veux voir mes copines, je le note sur mon planning.
- ☐ Pour la moindre occasion, c'est toute une organisation.
- ☐ Resto-expo-ciné, je m'y prends en janvier pour fin mai.
- ☐ J'ai un budget dédié pour le chocolat au lait, les compotes, les p'tits pots, les petits-suisses et les gâteaux, les Kiri, les Pépito...
- ☐ Quand je remplis mon caddie, je dois prendre un crédit.
- ☐ On a changé de voiture, et aussi d'assurance.
- ☐ On dirait que l'on déménage, quand on part en vacances, .
- ☐ Comme tous les gens de notre espèce, on a une poussette de compet'.

Ah les crocrocros les crocrocros les crocodiles, sur les bords du Nil ils sont partis n'en parlons plus. Ah les crocro...

☐ Notre salon est envahi de p'tites voitures et de Oui-Oui.

☐ Dans ma bibliothèque, Trotro a pris la place de Michel Houellebecq.*

**** Bon, en vrai, je n'ai jamais lu l'un de ses romans, mais Bridget Jones, ça ne rimait pas !***

☐ Avant, j'étais une meuf cool, maint'nant, j'suis une mère poule.

Résultat

Vous avez coché au moins 10 phrases de ce quizz ?

Bravo !

Vous êtes un véritable cliché ambulant !

(et je me sens moins seule...)

Régime ou encore une cuillère de Nutella ?

ALORS, OUI… DEPUIS L'ARRIVÉE DE VOTRE PETIT, VOUS AVEZ GROSSI ! CERTAINES D'ENTRE VOUS DE QUELQUES KILOS SEULEMENT (N'Y VOYEZ RIEN DE PERSONNEL, MAIS JE VOUS DÉTESTE !), ET LES AUTRES D'UN QUINTAL.

On vous a déjà fait le coup du « C'est pour bientôt ? », alors que vous avez accouché il y a un mois ?
Si vous avez vécu ce genre de situation, notez ici votre pire anecdote.

DEUX OPTIONS S'OFFRENT ALORS À VOUS :
1) Maigrir (mais vous allez en baver… Bon courage !).
Et pour les conseils beauté, il faudra vous procurer un autre ouvrage, vous ne trouverez pas de recettes miracles ici.
OU
2) Vous accepter comme vous êtes.
On est d'accord, c'est plus facile pour certaines que pour d'autres !

Je ne dis pas ça pour prêcher pour ma paroisse, mais est-ce-que ça vaut vraiment le coup de se gâcher la vie pour 1 ou 200 kilos de trop ?

Que vous pesiez 45, 55, 65, 75, 95 ou 125 kilos, l'important c'est de se sentir bien dans sa peau d'orange ! Non ?
Ce qui est difficile à perdre, ce sont les complexes, pas les kilos !

MANTRA À COLORIER ET À RÉCITER :

« L'avantage, quand on a pris beaucoup beaucoup beaucoup beaucoup de kilos pendant sa grossesse, c'est qu'il suffit d'en perdre un peu pour se sentir mieux ! »

MAXIME À ACCROCHER SUR LE FRIGO

To do list à co(a)cher (à lire et à relire)

- [ ] J'ARRÊTE de me peser tous les lundis.
- [ ] J'ARRÊTE de compter les calories.
- [ ] J'ARRÊTE de me camoufler sous mes habits.
- [ ] J'ARRÊTE de faire des abdos.*

***20 minutes par jour pendant neuf ans et vous n'osez toujours pas vous mettre en maillot ? Ça ne vaut pas le coup, franchement !**

- [ ] J'ARRÊTE les régimes.
- [ ] J'ARRÊTE le club de gym, avant même d'y avoir mis un seul centime.
- [ ] J'ARRÊTE d'attraper des torticolis à force d'essayer de voir si j'ai de la cellulite sur les fesses.
- [ ] J'ARRÊTE de boire du coca light, alors que je déteste.

- [ ] J'ARRÊTE de rentrer mon ventre.
- [ ] J'ARRÊTE de serrer les fesses.
- [ ] J'ARRÊTE les culottes gainantes.
- [ ] J'ARRÊTE les gélules anti-graisse.

- [ ] J'ARRÊTE de demander à mon chéri : « Tu trouves que j'ai grossi ? ».
- [ ] J'ARRÊTE de me vexer quand il me répond : « Oui ! ».
- [ ] J'ARRÊTE les palper rouler.
- [ ] J'ARRÊTE de culpabiliser.
- [ ] J'ARRÊTE de me priver.
- [ ] J'ARRÊTE d'être frustrée (CQFD).
- [ ] J'ARRÊTE de me complexer.

Mission accomplie : vous êtes bien plus jolie !

Réapprendre à parler d'autre chose

VOUS ÊTES-VOUS DÉJÀ RETROUVÉE ENTRE DEUX PROPRIÉTAIRES DE CHIENS ALORS QUE VOUS DÉTESTEZ LES CHIENS ? ENTRE DEUX FANS INCONDITIONNELS D'UNE SÉRIE QUE VOUS N'AVEZ JAMAIS REGARDÉE ? ENTRE DEUX SUPPORTERS D'UNE ÉQUIPE DE FOOT QUAND VOTRE TRUC, C'EST LE HANDBALL ?
POUR LES « NON-PARENTS », C'EST PAREIL : VOS CHIARDS, ILS S'EN TAMPONNENT LE COQUILLARD !

Évidemment, par politesse, ils vont demander si tout va bien, si l'accouchement s'est bien passé, s'il a encore ses dents de lait, jusqu'à combien il sait compter (alors qu'il a 18 mois), mais, au bout d'un moment, vos histoires de couches, de croûtes, de tresses ou de maîtresse*, ça va vite les gaver !

(* Sauf si c'est celle de votre mari, là : 100 % de leur attention garantie !)

N'oubliez pas de regarder plus loin que le bout de votre nouveau-né : il y a d'autres sujets à aborder que les couches et les crottes de nez !

SUJETS À EXPLORER

Entourez ceux avec lesquels vous êtes à l'aise.
La politique, la fashion week, l'actualité, le PSG, la saison 1 de *Game of Thrones* + la saison 2, la saison 3, la saison 4, la saison 5, l'épisode 9 de la saison 6, le divorce de Brangelina, la claque de Cyril Hanouna, le nouvel écran de l'iPhone, le prochain voyage à Lisbonne, la recette de votre mi-cuit, le nouveau film de Omar Sy, les articles en promotion, les couches et les biberons... **Mais non ! On a dit qu'on changeait de sujet !,** la nouvelle expo de Beaubourg, l'ex-compagne d'Arnaud Montebourg, les derniers potins du bureau, la grève des greffiers du barreau, le dernier clip de Beyoncé, les conditions d'élevage des poulets, la chaine Youtube de Norman ou celle de Gérard Lenorman, qui couche avec qui dans *Grey's Anatomy* ?, qui couche avec qui dans Plus belle la vie ?, qui couche avec qui tout court ?, qui change la couche ? **Oh ! Mais vous le faites exprès ? On a dit : « On change de sujet ! »**

À VUE D'ŒIL, COMME ÇA, ON SE DIT QUE C'EST FACILE, MAIS MÉFIEZ-VOUS : LA CONVERSATION PEUT VITE RETOMBER SUR LES BÉBÉS.

Biiiiiip ! Alerte anti-bébé déclenchée !

TU METS QUOI DANS TA SOUPE ?

DES POIREAUX, MAIS JE LES PRENDS BIO ! TU SAIS, MAINTENANT, QUE J'AI UN PETIT, JE VEUX CE QU'IL Y A DE MIEUX POUR LUI.

TU AS VU CE QUI EST ARRIVÉ À KIM KARDASHIAN ?

OUI, C'EST FOU !!! 10 MILLIONS DE BIJOUX AUTOUR DU COU ? T'IMAGINES, AVEC 10 MILLIONS, LE NOMBRE DE BOÎTES DE LAIT QUE JE POURRAIS ACHETER ?

TU VAS À LA FÊTE DE MARIE SAMEDI ?

BAH, J'AIMERAIS BIEN, MAIS ON VA AUX BÉBÉS NAGEURS DIMANCHE MATIN, FAUT QUE JE SOIS EN FORME !

AVOUEZ QU'AVEC CERTAINS SUJETS, ON NE PEUT RIEN FAIRE : IMPOSSIBLE DE RÉSISTER !

TU FAIS QUOI POUR LE JOUR DE L'AN ?

GRRRRR... TU SAIS COMBIEN ÇA COÛTE UNE BABY-SITTER UN 31 DÉCEMBRE ? JE RESTE À LA MAISON AVEC LES ENFANTS COMME TOUS LES ANS, CONNASSE !

T'AS PAS UNE CLOPE ?

GRRRRR... TU RIGOLES ? JE SUIS ENCEINTE. J'AI ARRÊTÉ DE FUMER. JE NE VAIS PAS LAISSER UN ENFANT ORPHELIN, ENFIN !

T'AS MAL DORMI ?

GRRRRR... À TON AVIS ?

T'AS PAS UN PEU FORCI ?

GRRRRR...

TU AS L'AIR FATIGUÉE !

GRRRRR...

C'est du sport !

VOUS AVEZ DÉCIDÉ DE VOUS (RE)METTRE AU SPORT ? VOICI QUELQUES IDÉES À SUIVRE À PETITES FOULÉES, ALLEZ, HOP, HOP, HOP !

LE JOGGING

Partez à la conquête de votre ville pour un investissement minimum : une paire de chaussures de sport.

+ *Trop chouette, vous pouvez courir avec votre poussette !*

– *Les courbatures (on n'a rien sans rien).*

LA MUSCU

Enchaînez 3 séries de 10 squats en portant bébé d'un bras et une boîte de lait en poudre de l'autre. Périlleux, mais efficace.

+ *Vous avez déjà la tenue de sport. Vous traînez depuis des semaines en jogging ou en pyjama…*

– *Les courbatures (toujours).*

LE YOGA

Exécutez à la père-fection de nouvelles positions, sans aucune connaissance technique, sans vous échauffer, ni payer un coach privé.

Liste non exhaustive des postures qui é-mère-veillent :

la posture du **papier** Lotus
la posture genou-torse-menton **égratignés**
la posture de la chaise **haute**
la posture de « **Donne la** main ! »
la posture du **vélo à petites** roues
la posture du bateau **sur l'eau**

+ *Rester zen en toutes circonstances.*

– *Les courbatures (encore).*

LA DANSE

Vive la danse des ~~canards~~ moutards, les « Ainsi font font font » version salsa ! Après quelques séances d'entraîne-maman, vous maîtriserez parfaitement la gestuelle des « petits poissons dans l'eau ».

+ *Ça va swinguer dans le salon !*

– *Les courbatures (évidemment).*

LE CURLING

Faites avancer un jouet en passant le balai. Vous êtes qualifiée d'office pour les prochains JO !

+ *Votre parquet va briller de mille feux.*

– *Les courbatures (again).*

LE BOOT CAMP

Impossible de traverser le salon, la chambre ou le jardin, sans enjamber une flopée de jouets ? Créez un parcours digne d'un camp d'entraînement militaire.

+ *Les enfants peuvent participer.*

– *C'est pas comme ça que vous allez enfin leur faire comprendre comment ranger leurs jouets.*

I ♥ MUM

Galerie de portraits

La mère-veilleuse

Veille toujours sur ses petits, même quand ils sont grands. Surveille les agendas, pour voir si les devoirs méritent un A, et les réseaux sociaux, pour compter le nombre de gros mots. Quand on est mère-veilleuse, c'est pour la vie !

SA PHRASE PRÉFÉRÉE :

« Attention ! »

La mère-credi

Est à 80 % pour s'occuper des enfants. Passe son mercredi entre la danse, le piano, le foot ou le judo. La mère-credi a perdu autant en salaire qu'elle a dépensé en activités extra-scolaires !

SA PHRASE PRÉFÉRÉE :

« Le mercredi, c'est permis. »

La mère-ci

Est obnubilée par la politesse. Veut des enfants bien-élevés-bien-polis-bien-gentils. Ses exigences : savoir-vivre et élégance.

SA PHRASE PRÉFÉRÉE :

« Qu'est-ce qu'on dit ? »

La mère-curochrome

Sort toujours avec
sa trousse de secours.
Intervient en cas de petits
bobos ou de gros accidents.
Connaît par cœur le numéro
du docteur.
Sait situer sur un plan tous
les hôpitaux avoisinants.
Ne va jamais au parc sans
mettre le carnet de santé
dans son sac.

SA PHRASE PRÉFÉRÉE :

« Pansement et panse-moi sont dans un Zodiac. »

La mère Michelle

A perdu son chat.

La mère-douille

Adore faire des cadeaux
spontanés (balle
rebondissant, main collante,
sac de billes, figurines,
cartes Pokémon, etc.).
Passe sa vie dans les bazars
et autres temples des
cadeaux à 1 euro.

SA PHRASE PRÉFÉRÉE :

« À ce prix-là, pourquoi se gêner ? »

La mère-lin l'enchanteur

A les yeux partout :
elle voit tout, elle sent tout,
elle sait tout, elle sait où...
A un sixième sens pour
détecter les mensonges,
les bêtises, et autres
supercheries.
Est super rapide même
en cuisine !
Réussit à tout faire
en une seule journée,
et sans être payée.

SA PHRASE PRÉFÉRÉE :

« C'est moi qui l'ai fait. »

Dessinez votre autoportrait

Quelle mère êtes-vous ?

NOTEZ ICI VOS ATOUTS. (C'EST BON POUR LE MORAL !)

SUPER MUM

Comment rester stylée en toutes circonstances

ON NE VA PAS SE MENTIR. AVANT, VOUS PRENIEZ MINIMUM 45 MINUTES PAR JOUR POUR VOUS DOUCHER, VOUS MAQUILLER, VOUS COIFFER, VOUS ÉPILER. MAINTENANT ? C'EST TOUJOURS 45 MINUTES, MAIS PAR SEMAINE !

Attention, ce n'est pas une raison pour se laisser aller !
N'oubliez pas que vous êtes « la-plus-belle-maman-du-monde ET de-l'univers-jusqu'au-Soleil ». Grâce à vos enfants, vous développez un sens aigu de l'improvisation.

Situation numéro 1

Vous avez un rendez-vous de boulot super méga important et, au moment de partir, votre enfant vous tend les bras et vous tache avec ses doigts pleins de Nutella ?
Pas de panique ! Saisissez cette occasion unique de devenir styliste.
Vous avez deux options.

Option n° 1 : avec une paire de ciseaux, transformez la tache en trou et dites que c'est un nouveau modèle de chez Diesel.

Option n° 2 : avec quelques feutres, recouvrez votre top de ronds, de carrés, de gribouillis de toutes les couleurs et collez une étiquette Desigual.

LE TOUR EST JOUÉ, VOUS ÊTES SAUVÉE ET STYLÉE !

Situation numéro 2

Demain, c'est le mariage de votre cousine, vous aviez rendez-vous chez la manucure-pédicure, mais, comme par hasard, votre nounou vous lâche ?

Proposez donc à votre enfant de jouer à l'esthéticienne !
Sur un morceau de carton, écrivez : « Salon de beauté Chez (son nom) ».
Jouez le jeu : vouvoyez-le, soyez polie, payez-le en bonbons ou en billets de Monopoly, soyez exigeante sur la couleur du vernis, faites votre diva.

Il a un peu débordé ? Effacez délicatement le pourtour à l'aide d'un coton-tige et de dissolvant. Si vraiment c'est un carnage, remplacez les sandales que vous avez achetées pour l'occasion par des chaussures fermées et enfilez une paire de gants – c'est très élégant !

Négociez un massage offert. Ça vous permettra de faire une sieste gratos

Situation numéro 3

Le réveil n'a pas sonné : il est 8 h 20 ! Vous avez les cheveux en pétard et des yeux de panda ? Vous vous êtes encore endormie devant le dernier épisode de Game of thrones sans vous démaquiller ?

Enfilez un jean noir, des Dr. Martens, une ceinture cloutée et vous voilà en total look gothique.

LE TOUR EST JOUÉ, VOUS ÊTES SAUVÉE ET STYLÉE !

Ajoutez une marinière et vous serez une gothique en Jean-Paul Gaultier.

Quelle que soit la situation, vous trouverez la solution en vous. Alors, respirez, improvisez et restez stylée !

La vraie vie

Quelle mère êtes-vous ?

1. Votre enfant est invité à sa première pyjama-party.

☐ **A** Ça tombe bien, ce soir-là, il y a happy hour au Badaboum : un pyj' dans l'sac à dos, un petit bisou et bon débarras !

☐ **B** Où ? Quoi ? Comment ? Qui sont les parents ? Il y aura des filles ? Tu as pris un doudou ? (« Maman, j'ai dix-sept ans ! »)

☐ **C**. Demande à ton père !

2. Votre enfant se réveille en pleine nuit car il a fait un cauchemar.

☐ **A** Vous le rejoignez dans sa chambre et, pour le rassurer, vous dormez par terre au pied de son lit avec sa cape de Superman et/ou sa robe de princesse pour seule couverture.

☐ **B** Après votre journée de boulot, la lessive, la vaisselle, les courses, le repas, les devoirs, le bain, l'histoire à raconter, vous êtes tombée comme une masse et rien ne peut vous réveiller.

☐ **C** Vous enfoncez votre coude dans les côtes de votre mari pour qu'il s'occupe de SON enfant.

3. C'est l'heure du bain !

☐ **A** Vous faites couler un bon bain chaud puis vous y ajoutez du bain moussant et quelques gouttes d'huiles essentielles pour que votre enfant puisse se relaxer avant le massage à l'huile d'amande douce que vous lui faites tous les soirs.

☐ **B** Il est déjà 18 h 30 ? Les devoirs ne sont pas faits, la vaisselle est sale, le frigo est vide, vous le reniflez vite fait : ça ira ! Il prendra un bain demain, ou... après-demain.

☐ **C** Vous demandez à votre mari de s'occuper de SON enfant : votre feuilleton va commencer.

4. Après une soirée bien arrosée, vous êtes plutôt :

☐ **A** Debout aux aurores, une aspirine et c'est reparti ! Pas question que votre enfant rate le foot/la danse car vous avez fait la fête.

☐ **B** « Laisse-moi dormir. Regarde T'choupi à la télé ! » (« Maman, j'ai douze ans ! »)

☐ **C** Vous enfoncez votre coude dans les côtes de votre mari pour qu'il s'occupe de SON enfant et vous remontez la couette sur votre tête.

☐ **D** Ça ne risque pas d'arriver : vous n'iriez jamais faire la fête en laissant votre enfant à une baby-sitter ! JA-MAIS !

5. C'est l'heure du parc, un jour de pluie.

☐ **A** Les enfants ont besoin de se défouler. Ni une ni deux, vous enfilez un ciré à votre enfant et vous filez dans une aire de jeux couverte*.

**** Mais si, vous savez, ces hangars réaménagés hyper-bruyants qui sentent la vieille chaussette...***

☐ **B** « Regarde T'choupi à la télé ! » (« Maman, j'ai quinze ans ! »)

☐ **C** Vous enfoncez votre coude dans les côtes de votre mari pour qu'il s'occupe de SON enfant et vous remontez la couette sur votre tête.

6. C'est l'heure du parc, un jour de soleil.

☐ **A** Vous préparez un pique-nique géant avec une piñata, une chasse au trésor et un tour de manège au programme.

☐ **B** Vous appelez vos copines mamans pour savoir qui va au parc. Après douze coups de fil, vous vous décidez enfin à y aller...

☐ **C** Voir réponse **5.C.**

Vous avez un maximum de A

Vous n'avez pas besoin de conseils ni d'astuces : vous faites le job avec brio et vous gérez n'importe quelle situation. (C'est louche : avez-vous bien dit la vérité ? Toute la vérité ? Rien que la vérité ?)

Vous avez un maximum de B

Vous aimez vos enfants, bien sûr, plus que tout, évidemment, mais, si c'était à refaire, vous joueriez au loto pour avoir les moyens de prendre une nounou à plein temps.

Vous avez un maximum de C

Vous êtes au fond du seau, en plein baby blues, dérèglage hormonal, et tout et tout, et votre mari est plein de bleus !

Vous avez un maximum de D

Vous n'avez répondu qu'à une seule question de ce test.

LA VRAIE VIE

Peur de tout ou même pas peur ?

ENFANT, VOUS ÉTIEZ PLUTÔT CASSE-COU OU POULE MOUILLÉE ? ADOLESCENTE, VOUS ÉTIEZ PLUTÔT BÉNI-OUI-OUI OU CASSE-PIED ? ADULESCENTE, VOUS ÉTIEZ PLUTÔT GLOBE-TROTTER OU CASANIÈRE ? ET DANS VOTRE COUPLE, QUI EST TÉ**MÈRE**AIRE ET QUI EST **PÈRE**EUX ? OU LE CONTRAIRE...

Entourez vos réactions face à chaque situation.

Les situations	Peur de tout...	Même pas peur !
UN CHIEN	Vous vous mettez immédiatement en position kung-fu de protection pour contrecarrer une éventuelle attaque.	« Oh, regarde ! Un chien errant ! Comme il est mignon. Tu veux le caresser, mon chéri ? »
UNE CASSEROLE SUR LA GAZINIÈRE	« La queue toujours tournée vers le mur, malheureux ! »	« Ma puce, tu veux sortir les patates de la friteuse ? »
VOTRE ENFANT VEUT GRIMPER AUX ARBRES	« O.K., mais avec un harnais. »	« C'est bien, mon grand ! Allez, encore un petit effort, tu vas arriver tout en haut du séquoia. »
VOTRE ENFANT VEUT FAIRE DU VÉLO	Pas de problème. À condition qu'il ait les petites roues, les genouillères, le casque et les protège-tibia.	« On fait la course, mon cœur ? Le dernier arrivé sur l'autoroute est une poule mouillée ! »
VOTRE ENFANT DORT	« T'es sûr qu'il respire encore ? »	« ZZZZZzzzzz »
LES SUCETTES	« Bon, je t'en donne une, mais tu restes sagement assis pendant que tu la manges et tu ne la mets JA-MAIS en entier dans la bouche. Que des petits coups de langue prudents ! »	« Tiens, mon cœur. Prends une sucette pour te donner des forces pendant que tu fais du trampoline ! »
SUR UN PARKING	« Donne-moi la main ! »	« On joue à cache-cache ? »
DANS LE MÉTRO	« Tu vois le petit lapin ? Comme lui, tu risques de te faire pincer les doigts. »	« On se rejoint à Stalingrad : tu prends la 6 et tu changes à Place d'Italie pour la 5 ! »
VOTRE ENFANT PREND L'AVION TOUT SEUL	Jamais de la vie !	« Prends le siège du fond : c'est là où il y a le plus de sensations. »
VOUS TRAVERSEZ LA RUE	« Donne-moi la main ! »	« 1, 2, 3... Soleil ! »
UN FEU DANS LA CHEMINÉE	« Recule, mon chéri, tu pourrais te brûler. »	« Souffle sur les braises, ma caille, on se caille. »
LES PRISES ÉLECTRIQUES	Elles sont toutes équipées de cache-prise certifiés nouvelles normes européennes CEI 60320.	« Tiens, va me brancher la scie-sauteuse, s'il te plaît, mon chat. »
UNE ABEILLE	« Attention ! Ferme la bouche, rentre dans la maison, cache-toi sous la table, ne bouge plus. »	« Ce n'est pas la petite bête qui va manger la grosse ! Viens, on essaye de l'apprivoiser. »

Never again

L'ERREUR EST HUMAINE, CERTES, MAIS CERTAINES SONT PLUS LOURDES DE CONSÉQUENCES QUE D'AUTRES ! VOUS ÉTIEZ DÉBUTANTE, VOUS AVIEZ DES CIRCONSTANCES ATTÉNUANTES...

ERREUR DE DÉBUTANTE N°1

Oublier d'éteindre le réveil le samedi où les enfants sont chez mamie !

➳ **MAIS POURQUOIIIIIIIIII ????!!!**

ERREUR DE DÉBUTANTE N°2

Oublier la tétine.

➳ **Vous êtes maso ou quoi ?**

ERREUR DE DÉBUTANTE N°3

Mettre la couche à l'arrache.

➳ **Et hop, un body fichu !**

ERREUR DE DÉBUTANTE N°4

Ne pas recharger les batteries de la veilleuse.

➳ **Réveil nocturne assuré : « Mamaaaaaaan, j'ai peuuuuur ! Il fait tout noir ! »**
Et, en plus, ce jour-là, vous aviez laissé traîner un pistolet Playmobil sur le chemin entre votre chambre et la sienne... Double erreur (ou double fracture) !

ERREUR DE DÉBUTANTE N°5

Perdre le doudou.

➳ **Ça, ça mérite au moins de vous flageller à coups de martifouet pendant plusieurs jours.**

ERREUR DE DÉBUTANTE N°6

Cacher les cadeaux de Noël sous le lit.

➳ **Vous n'avez pas honte de gâcher la magie de Noël ?**

ERREUR DE DÉBUTANTE N°7

Ne pas avoir de monnaie le jour où il/elle perd sa première dent.

➳ **BIIIIIM : 5 euros le chicot.**

ERREUR DE DÉBUTANTE N°8

Ne pas boucher le tuyau du mouche bébé.

➳ **C'est malin, vous en avez plein les mains. BEURK !**

ERREUR DE DÉBUTANTE N°9

Oublier de vérifier le cahier de liaison.

➳ **Mince, il fallait prévoir un pique-nique pour aujourd'hui ? Bah, il mangera ses doigts !**

ERREUR DE DÉBUTANTE N°10

Ne pas prévoir de lingettes après un goûter « 100 % chocolat » au parc pendant la canicule.

➳ **Un tee-shirt et un short foutus.**

ERREUR DE DÉBUTANTE N°11

Ne pas prendre de place enfant dans le TGV Strasbourg-Marseille

➳ **Six heures avec un enfant sur les genoux !**

ERREUR DE DÉBUTANTE N°12

Acheter en solde des habits trop grands pour l'année prochaine.

➳ **Dommage, le temps que ça lui aille, ce n'est plus la saison !**

ERREUR DE DÉBUTANTE N°13

Ne pas avoir rechargé votre portable alors que c'est la baby-sitter qui garde votre enfant ce soir.

➳ **Comment se payer un ulcère à 8 euros de l'heure !**

ERREUR DE DÉBUTANTE N°14

Allumer la télé sans avoir d'abord vérifié le programme.

➳ **Bah quoi ? Chucky, c'est pas l'histoire d'une poupée ?**

ERREUR DE DÉBUTANTE N°15

Aller chez Mickey pendant les vacances scolaires.

➳ **Et pourquoi pas un samedi pendant que vous y êtes ?**

MAINTENANT, ON NE VOUS Y REPRENDRA PLUS !

C'est que du bon'heure !

VOS MATINS RESSEMBLENT À CEUX D'ALICE AU PAYS DES MERVEILLES, LE LSD ET LES CUPCAKES EN MOINS : UN VRAI LAPIN, TOUJOURS À COURIR APRÈS LE TEMPS, DU LEVER AU BROSSAGE DE DENTS, DE LA POINTE DES CHAUSSETTES AU BOUT DES GANTS.

Vous commencez la matinée sur les chapeaux de roue et finissez sur les rotules, après avoir tapé un sprint sur la dernière ligne droite de l'école !
Résultat : vous êtes obligée d'aller boire un café avec les copines pour vous remettre du marathon quotidien du matin.

Changez le compte à rebours : arrêtez d'être à la bourre !

5 Réveillez-vous plus tôt !

Fini le temps où, à 58, vous pouviez dire comme Florence Foresti : « J'suis laaaaarge ! » Maintenant vous êtes deux ou trois, ou plus, à vous partager la salle de bain, sans compter qu'un bol de chocolat renversé est vite arrivé, alors multipliez le temps de préparation par deux ou trois, ou plus (en période de gastro, multipliez par beaucoup plus).

4 Anticipez

Préparez les vêtements des enfants la veille + achetez-vous un pyjama stylé, qui vous évitera de vous habiller = beaucoup de temps gagné = vous pourrez même vous refaire un café !

3 Contrôlez

Vérifiez les cartables, les devoirs, les affaires de sport la veille au soir.
Idem pour la boîte à goûter si vous laissez votre enfant à la crèche ou chez la nounou.
Et ça concerne aussi VOTRE sac, non mais !
On la connaît l'excuse : « Désolée, il a encore mis trois heures à faire ses lacets », alors qu'en fait, c'est VOUS qui cherchiez votre petit carnet, vos clés, votre agenda, votre mascara.

2 Simplifiez

Prévoyez un petit déjeuner simple : on oublie les œufs brouillés au bacon et les oranges pressées à la main ! Gardez ça pour le week-end ! En bonus, ça vous fera économiser 25 euros de brunch au troquet du coin.
Prévoyez des habits simples. Exit les corsets, les chemises à boutonner, et autres chaussettes compliquées à enfiler. Désormais, c'est jean et tee-shirt pour tout le monde !
Pour les chaussures, achetez-les avec des scratchs.

1 Roulez

Équipez toute la famille de trottinettes ou déménagez pour habiter plus près de l'école. Faites un effort, quoi !

0 Arrêtez de liker votre life sur les réseaux sociaux.

GO !

Quoi qu'on fasse, ça les dépasse !

DÉCULPABILISEZ TOUT DE SUITE : QUOI QUE VOUS FASSIEZ, IL Y AURA TOUJOURS QUELQU'UN POUR VOUS CRITIQUER. VOTRE MÈRE, VOTRE SŒUR, VOTRE PÈRE, VOTRE COIFFEUR, VOTRE VOISINE, LA BOULANGÈRE, VOS COPINES, VOTRE ARRIÈRE-ARRIÈRE-GRAND-MÈRE, LES GENS CROISÉS DANS LA RUE. TOUT LE MONDE Y VA DE SON PETIT COMMENTAIRE ET VEUT VOUS DIRE COMMENT BIEN FAIRE.

PRÉPAREZ VOS RÉPLIQUES.

TU CHOISIS L'ALLAITEMENT

« Ah, non, moi, je ne pourrais pas déballer mes seins comme ça en public ! Et puis comment veux-tu que le papa se sente concerné s'il n'y a que toi qui peux lui donner à manger ? »

(la copine qui sait tout)

VOTRE RÉPLIQUE : ....

TU CHOISIS LE BIBERON

« C'est quand même pas très naturel et, en plus, c'est beaucoup mieux pour la santé de bébé, le lait maternel ! Tu as vérifié s'il n'y avait pas de parabène au moins ? »

(votre belle-mère relou)

VOTRE RÉPLIQUE : ....

TU UTILISES DES COUCHES JETABLES

« Tu sais que les couches, c'est la première source de pollution ? 7 000 tonnes/an ! Et toi, tu contribues à tout ça ? Bravo, super écolo ! »

(votre belle-sœur #savetheearth)

VOTRE RÉPLIQUE : ....

TU UTILISES DES COUCHES LAVABLES

« Non, mais t'as que ça à faire, de laver des couches ? C'est le symbole de l'aliénation de la femme. Tu prêches pour le retour à la maison, ou quoi ? On n'est pas que des mères au foyer ! On doit pouvoir s'émanciper ! »

(votre grand-mère ex-soixante-huitarde #girlpower)

VOTRE RÉPLIQUE : ....

TON BÉBÉ A UNE TÉTINE

« Tu ne t'étonneras pas s'il porte un appareil dentaire ! »

(votre frère)

VOTRE RÉPLIQUE : ....

TON BÉBÉ SUCE SON POUCE

« Tu veux pas le calmer qu'il arrête de chialer ? On s'entend plus penser ! »

(toujours votre frère)

VOTRE RÉPLIQUE : ....

TU LUI METS UN BONNET ET UN MANTEAU

« Mais il va avoir trop chaud ! » **(votre voisine du 3e)**

VOTRE RÉPLIQUE : ....

TU LE LAISSES SORTIR SANS BONNET NI MANTEAU

« Mais il va avoir trop froid ! »

(votre voisine du 4e)

VOTRE RÉPLIQUE : ....

LA BALADE EN POUSSETTE

« Il n'est pas un peu grand pour ça ? De mon temps… »

(votre belle-mère)

VOTRE RÉPLIQUE : ....

LA BALADE À PIED

« Mais il va être épuisé ! De mon temps… »

(votre belle-mère, évidemment)

VOTRE RÉPLIQUE : ....

TU LE PRENDS DANS LES BRAS

« Il n'est pas assez grand pour marcher ? Il va te bouffer, si tu le laisses faire ! »

(votre pseudo-meilleure amie)

VOTRE RÉPLIQUE : ....

TU REFUSES DE LE PORTER

« Mais enfin, c'est un enfant ! Pas étonnant qu'il soit HS. Tu le fais marcher depuis trois heures… Tu n'as pas de cœur ! Viens là, mon petit ange, mamie va te porter même si elle a le dos en compote ! »

(votre mère)

VOTRE RÉPLIQUE : ....

TU L'EMMÈNES CHEZ MCDO

« Il n'y a que des cochonneries là-dedans. Pas terrible pour un enfant en pleine croissance. En plus, il parait que ça rend stérile ! Tu ne veux pas que je sois arrière-grand-mère ou quoi ? » **(la sorcière)**

VOTRE RÉPLIQUE : ....

TU NE LUI FAIS MANGER QUE DU BIO

« Mais c'est un enfant, laisse-le manger des frites et des nuggets comme tout le monde. Il s'en fiche, lui, que ton quinoa vienne d'un petit producteur agréé commerce équitable ! »

(votre jules, qui n'aime pas le quinoa)

VOTRE RÉPLIQUE : ....

TU L'EMMÈNES CHEZ LE DOCTEUR

« Oh, ça va, tu dramatises toujours ! Tu ne vas pas crier au loup dès qu'il tousse un peu ! »

(votre collègue de bureau, qui a dormi toute la nuit, elle !)

VOTRE RÉPLIQUE : ....

TU L'EMMÈNES PAS CHEZ LE DOCTEUR

« Prends rendez-vous chez le pédiatre enfin ! Ça pourrait être grave ! Tu es complètement inconsciente ! »

(votre mère et votre belle-mère, d'accord pour une fois !)

VOTRE RÉPLIQUE : ....

TU LUI PRÉPARES UN PLATEAU TÉLÉ

« Il va être abruti par l'écran. Un enfant, ça doit dîner à table. »

(la nouvelle femme de votre père qui n'a pas eu d'enfants, mais qui sait tout sur leur éducation)

VOTRE RÉPLIQUE : ....

TU LE FAIS DÎNER À TABLE

« Tu ne veux pas le mettre devant la télé, qu'on puisse dîner tranquilles ! »

(la nouvelle femme de votre père quand votre enfant dîne à table)

VOTRE RÉPLIQUE : ....

TU L'INSCRIS À LA CANTINE

« Mais tu sais ce qu'il mange là-bas ? C'est infect ! Tu ne veux pas ce qu'il y a de meilleur pour ton enfant ? »

(une maman au parc)

VOTRE RÉPLIQUE : ....

IL DÉJEUNE À LA MAISON TOUS LES MIDIS

« Donc tu ne fais rien d'autre de tes journées que de t'occuper de tes enfants, quoi ? »

(la bonne copine working girl)

VOTRE RÉPLIQUE : ....

Sortir avec ou sans enfant ?

À MOINS D'AVOIR UN BUDGET BABY-SITTER ILLIMITÉ, IL FAUT CHOISIR SES COMBATS. PARFOIS ON PEUT SORTIR AVEC SON (SES) ENFANT(S), SOUVENT ON NE PEUT PAS, OU IL NE FAUT PAS. ENTRAÎNEZ-VOUS À CHOISIR LE BON MOMENT EN GARDANT EN MÉMOIRE QUE LA QUESTION N'EST ÉVIDEMMENT PAS DE SAVOIR SI VOTRE VIE EST MIEUX AVEC OU SANS ENFANT.

		AVEC	SANS
1	Le mariage de votre cousine.	☐	☐
2	Le mariage de votre vieille copine.	☐	☐
3	Une rave party.	☐	☐
4	Le spectacle de fin d'année de votre nièce.	☐	☐
5	Le spectacle de fin d'année de votre copine (celle qui fait du pole dance).	☐	☐
6	L'avant-première de Shrek 8.	☐	☐
7	L'avant-première de The Walking Dead, le film.	☐	☐
8	L'exposition sur les victimes de la Shoah.	☐	☐
9	L'exposition « Le zizi sexuel », à la Cité des sciences.	☐	☐
10	Un barbecue entre potes célibataires.	☐	☐
11	Un barbecue entre parents d'élèves.	☐	☐
12	Un atelier « Fabrique ton jouet en bois ».	☐	☐
13	Un atelier « Fabrique ton sextoy ».	☐	☐
14	Les 80 ans de mamie Gilberte.	☐	☐
15	L'enterrement de papi Gilbert.	☐	☐
16	« It's a Small World ! » à Disneyland.	☐	☐
17	« Le tonnerre de Zeus » au parc Astérix.	☐	☐
18	Une distillerie.	☐	☐
19	Une rhumerie.	☐	☐

		AVEC	SANS
20	Une chocolaterie.	☐	☐
21	Une usine à gâterie.	☐	☐
22	Center Parcs.	☐	☐
23	Central Park.	☐	☐
24	Une scierie.	☐	☐
25	La Syrie.	☐	☐
26	Bercy pour le concert de Maître Gims.	☐	☐
27	Bercy pour le concert de Chantal Goya.	☐	☐
28	Bercy pour le concert de Rage Against The Machine.	☐	☐
29	Le marché.	☐	☐
30	Le Bon Marché.	☐	☐
31	La cueillette.	☐	☐
32	Un spectacle d'effeuillage.	☐	☐
33	Un match de foot.	☐	☐
34	Un match de foot dans la tribune des hooligans.	☐	☐
35	Le Muséum d'Histoire naturelle.	☐	☐
36	Le Muséum d'histoire sexuelle.	☐	☐
37	Un parc d'attraction.	☐	☐
38	Le parc d'attrape-fions.	☐	☐

		AVEC	SANS
39	Une ferme pédagogique.	☐	☐
40	Une firme pharmaceutique.	☐	☐
41	Casino (celui où vous faites vos courses).	☐	☐
42	Le casino (celui où vous « faites vos jeux »).	☐	☐
43	Un tripot.	☐	☐
44	Un chapiteau.	☐	☐
45	Le zoo de Vincennes.	☐	☐
46	Brooklyn Zoo.	☐	☐
47	Un cours de judo.	☐	☐
48	Un cours de krav maga.	☐	☐
49	Le nouveau spectacle des frères Bouglione.	☐	☐
50	Le nouveau spectacle des sœurs Bouillonne.	☐	☐

Merci, mais... non, merci !

AH, LES JOIES DU SHOPPING ! MAIS VOUS ALLEZ VITE APPRENDRE À FAIRE LE DISTINGUO ENTRE VOS ENVIES, VOS BESOINS ET L'INDISPENSABLE... PETIT RÉCAPITULATIF POUR ÉCONOMISER VOTRE PRÉCIEUX TEMPS ET VOTRE L'ARGENT.

Tout ce dont on croit avoir besoin

Complétez avec ce que vous avez payé un bras et qui vous a servi trois fois au choix : un youpala, un porte-bébé Manduca, un anneau dentaire, une toise en fer, un collier d'ambre, un pot de chambre.

Tout ce dont on croit pouvoir se passer (mais en fait, non !)

50 %

UNE BONNE POUSSETTE QUI ROULE

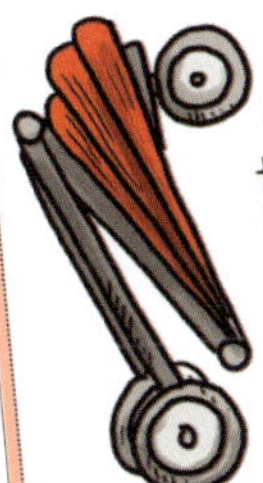

20 %

LES TÉTINES

10 %

UNE BABY-SITTER

UN PARC

9 %

UN PYJAMA STYLÉ

1 %

À REMPLIR

Complétez avec ce que vous avez regretté de ne pas avoir acheté au choix : un sèche-linge qui fonctionne, une peluche qui fredonne, un second doudou identique, un chauffe-biberon en plastique, un téléphone qui ne sonne pas pendant la sieste.

Doudou forever

NE VOUS FAITES PAS D'ILLUSION : POUR LES ENFANTS, CE QUI COMPTE PLUS QUE TOUT, CE N'EST PAS LEUR MÈRE, C'EST LEUR DOUDOU ! SACHANT CELA, VOUS COMPRENEZ QU'ON NE PEUT PAS TRAITER CET OBJET CHARGÉ D'AFFECT COMME UN VULGAIRE GADGET. ET SI VOUS NE VOULEZ PAS DEVENIR L'INFECTE MÈRE QUI A MALTRAITÉ DOUDOU, VOICI QUELQUES CONSEILS À RESPECTER À LA LETTRE.

LE CHOIX DU DOUDOU : CE QU'IL FAUT SAVOIR POUR ÉVITER LES DÉCEPTIONS !

Vous avez beau avoir déniché LE doudou, tout doux, trop chou, le mouton trop mignon, le carré de tissu 100 % coton, la peluche qui tient dans le creux de la main, le Nin-Nin qui va bien, l'imprimé idéal, au final, ce n'est pas vous qui choisissez le doudou, c'est votre nouveau-né ! Vous espériez qu'il élirait le petit lapin de chez Moulin Roty qui vous a coûté un bras, mais Bébé a choisi un torchon IKEA ? Vous avez retrouvé votre doudou de quand vous étiez petite, mais Bébé a choisi votre vieux tee-shirt tout pourri ?
De toute façon, après quelque temps, entre les trous, les traces de vomi, les tâches de Kiri, de raviolis, les larmes séchées et les crottes de nez, le doudou a une odeur pestilentielle. Si ça ne tenait qu'à vous, il finirait à la poubelle (le doudou, pas l'enfant !), mais un Nin-Nin, c'est sacré, du moins pendant les six premières années !
Quel que soit son choix, souvenez-vous : un doudou est un objet transitoire, une sorte de prolongement de vous-même, votre vous métaphorique, donc, entre nous, s'il a choisi un truc qui pue, un truc moche ou un truc tout pourri, posez-vous des questions...

LA TECHNIQUE DU DEUXIÈME DOUDOU

Si vous le perdez, si vous l'oubliez, si vous le lavez et que vous l'abîmez, gare à vous ! Du coup, pour avoir la paix, les parents deviennent ultra-vigilants : on ne rigole pas avec le doudou. Une technique assez répandue consiste à acheter deux fois le même, au cas où on en perdrait un en chemin, mais le problème, c'est qu'il est difficile d'anticiper sur le choix de votre enfant : sur quel objet va-t-il jeter son dévolu ?

SI VOUS ÊTES DANS LE ROUGE : LAVEZ-LE !

Autre option : attendez son entrée au collège (celle de votre enfant, pas de son doudou) et, d'ici là, équipez-vous de beaucoup de Febreze !

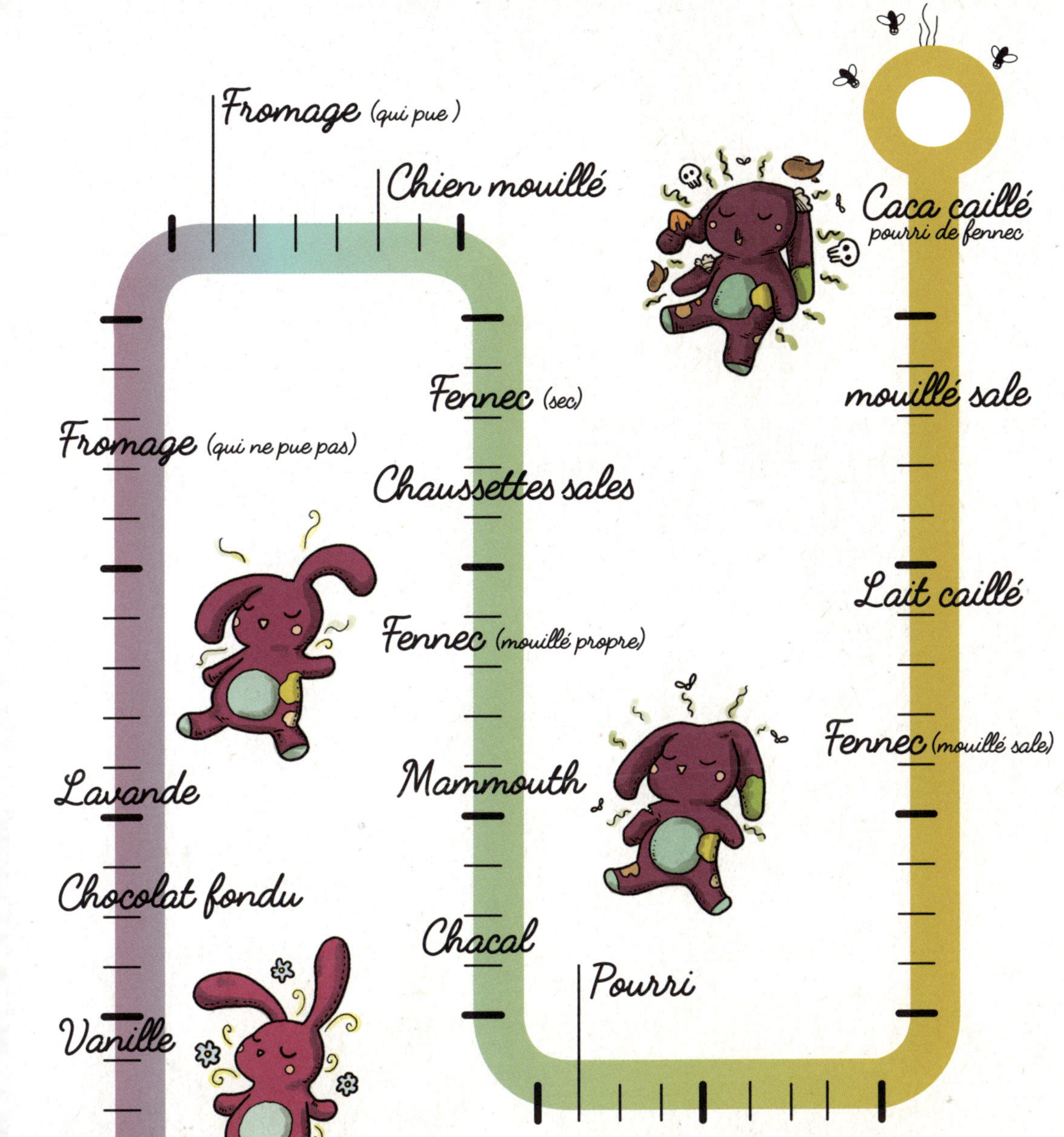

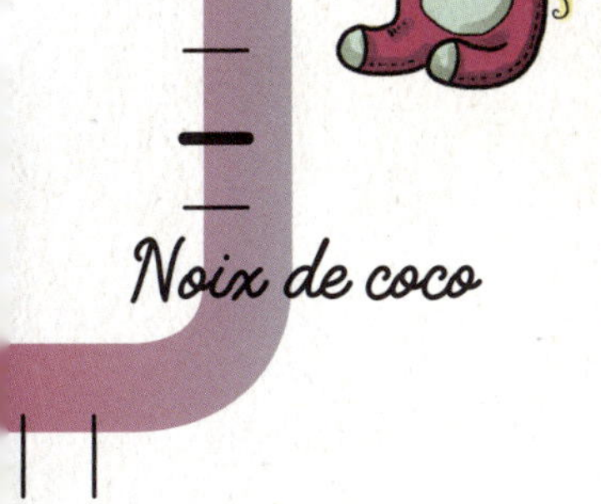

LE LAVAGE DU DOUDOU

Lavez-le quand votre petit est endormi. Croisez très fort les doigts pour qu'il ne se réveille pas avant la fin du cycle de la machine à laver. Prévoyez le programme à 60 °C s'il est vraiment trop sale.

CELUI QUI DIT

“dormir comme un bébé”

MANIFESTEMENT N’EN A PAS !

LA VRAIE VIE

Tu vas dormir oui ou... crotte !

S'IL Y A BIEN UNE CHOSE QUI CONCERNE TOUS LES PARENTS, C'EST LE MANQUE DE SOMMEIL. POUR CERTAINS, C'EST L'AFFAIRE DE TROIS JOURS, POUR LES AUTRES, C'EST POUR TOUJOURS.

Au fil du temps, on est abreuvé de conseils : « Il faut le laisser pleurer, sinon il va s'habituer à être dans les bras », « Il faut qu'il trouve le sommeil lui-même », ou au contraire : « Votre bébé a besoin d'être rassuré », « Il aime vous sentir à proximité », « Faites-lui une place dans votre lit. Le cododo, c'est la vie. » Bref, c'est différent pour chaque maman.

Quand on dort trois heures par nuit, qu'on est réveillé toutes les vingt minutes par un mini-bruit ou par un grand cri, on est à bout. On frôle souvent la catastrophe. Difficile de calmer son enfant quand on est soi-même à cran, alors n'hésitez pas à passer la main. Une copine passe à la maison ? Sautez sur l'occasion ! Belle maman vient dîner ? Profitez ! Le facteur dépose un colis ? Oui, bon, là, il faut vraiment très bien connaître son facteur... Avec les petits du premier âge, une sieste de vingt minutes, c'est une bouée de sauvetage.

Quelques idées pour le rituel du coucher

1

Faites-lui dire « bonne nuit ! » à la famille et aux invités. Au chien, au chat ou aux jouets, si personne n'est à proximité.

2

N'oubliez pas le tiercé gagnant : on fait pipi, on se lave les mains, on se lave les dents.

3

Fermez les rideaux de la chambre et répétez avec lui : « on ferme les rideaux et on file au dodo. »

4

Choisissez ensemble trois peluches pour la nuit et bordez-les dans son lit.

5

Racontez une histoire. Choisissez un livre ensemble et laissez-lui tourner les pages. Inventez des voix pour chaque personnage.

6

Passez en mode obscurité : veilleuse enclenchée = monstres et cauchemars chassés.

7

Trouvez une formule à apprendre par cœur et appuyez sur l'interrupteur : « abracadabra, à trois, la lumière s'éteindra. 1, 2, 3 ! »

8

Faites lui un câlin-bisou. Indispensable, autant pour lui que pour vous.

9

Les yeux fermés, chantez pour l'accompagner dans les bras de Morphée (attention à ne pas vous endormir avant lui !)

10

Gardez toujours une idée sous le coude pour les nombreuses fois où il va se relever dans la soirée. Plusieurs options : faites-lui boire un peu d'eau, gratouillez lui le dos, passez-lui un coton avec une lotion douce sur le visage, ne perdez pas patience, parlez-lui de votre enfance, décrivez-lui les rêves qu'il va faire dans la nuit, espérez que ça marche, avant le début de votre série.

Le pschitt à beaux rêves

Pour réaliser cette recette magique, il vous faut :

- ☐ 1 bouteille avec pistolet vaporisateur
- ☐ ½ bouteille d'eau minérale
- ☐ Quelques gouttes d'huile essentielle de lavande (ou de votre parfum préféré)
- ☐ Au choix : du papier phosphorescent, des gommettes de couleur, des autocollants

1
Versez l'eau minérale dans votre bouteille.

2
Ajoutez 2 ou 3 gouttes d'huile essentielle.

3
Mélangez délicatement.

4
Décorez le flacon avec des étoiles phosphorescentes, des gommettes, des autocollants...

5
Inventez une phrase magique à incanter.

6
Vaporisez à quelques centimètres de son oreiller.

LES MONSTRES et les FANTÔMES NE SONT PAS ADMIS

dans la chambre de :

....

Le ka-mama-sutra

JE VOUS VOIS VENIR, BANDE DE COQUINES, VOUS PENSIEZ TROUVER DANS CE CHAPITRE TOUT UN TAS DE POSITIONS OLÉ OLÉ POUR PIMENTER VOS ÉBATS ? BAH, C'EST RATÉ ! ON VA PLUTÔT PARLER DE POSITIONS « AU LIT AU LIT ». QUE VOUS SOYEZ POUR OU CONTRE LE CODODO, IL Y AURA FORCÉMENT AU MOINS UNE NUIT, OÙ VOUS VOUS RETROUVEREZ AVEC UNE PETITE OU UN PETIT QUI SQUATTERA VOTRE LIT !

Position 1

LE SANDWICH

Le papa d'un côté, la maman de l'autre, et, au milieu, le précieux.
Avantage : il ne risque pas de tomber.
Inconvénient : il ne risque pas non plus d'avoir un petit frère ou une petite sœur.

Position 2

LE/LA H DE GUERRE

Le papa d'un côté, la maman de l'autre, et, à la perpendiculaire, le très cher.
Avantage : plus de place pour les bras.
Inconvénient : si vous êtes du côté des pieds, gare aux coups ; et si vous êtes du côté de la tête, il risque de vous baver dessus...

Position 3

LA BOUCLE D'OR

Du plus grand au plus petit, généralement : le papa, la maman, l'enfant.
Avantage : si vous êtes plus grande que Monsieur, vous passerez une nuit tranquille.
Inconvénient : si l'enfant est plus grand que vous ou que son papa, c'est qu'il est vraiment temps de lui dire d'arrêter de squatter votre lit.

Position 4

LE N

Les deux parents chacun de leur côté du lit, tête sur l'oreiller et le reste du corps sous la couette, et, entre eux, de façon tout à fait anarchique, l'enfant.
Avantage : aucun, vous dormirez mal.
Inconvénient : il a les pieds dans le nez de son père et la tête dans le c** (un peu comme vous le lendemain matin...) de sa mère. Dans tous les cas, il y en a deux sur trois, qui se réveilleront avec une drôle d'odeur.

Position 5

LA POLOCHON

La polochon est la meilleure des positions : elle consiste à dormir avec votre enfant contre vous et à l'enlacer comme s'il était votre oreiller.
Quitte à se coltiner un troisième passager autant en profiter !

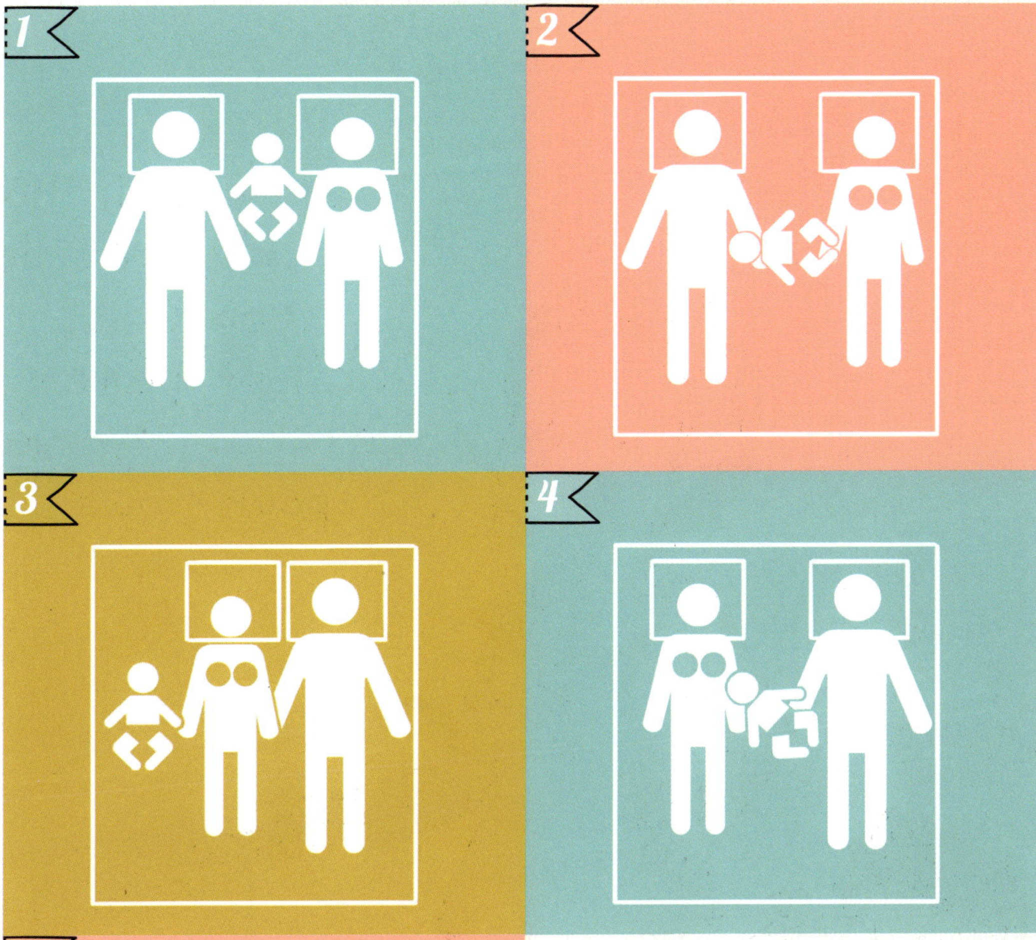

Comme dans le livre
du même nom, il y a des millions
de positions.
Si vous n'avez pas
d'i-mama-gination, rassurez-vous :
votre enfant trouvera pour vous !

Mais qu'est ce qu'il fait
en boule, accroupi au bout
du lit ?

Et le soir où on n'a pas le courage, c'est pâtes, ketchup, gruyère pour tous !
Ouais !
FUSILI
KETCHUP
GRUYÈRE

Pif, paf, pouf ! À la bouffe !

QUE VOUS FASSIEZ RÉCHAUFFER UNE PURÉE SURGELÉE OU QUE VOUS PASSIEZ L'APRÈS-MIDI À FAIRE LA POPOTE AVEC DE BONS PRODUITS, NE VOUS LEURREZ PAS : VOUS RISQUEZ DE RESTER UN CERTAIN NOMBRE DE FOIS LA CUILLÈRE LEVÉE FACE À UNE BOUCHE D'ENFANT FERMÉE À CLÉ... ET À DOUBLE TOUR.

Voici donc trois façons de trouver la serrure (ou d'ouvrir la porte au pied de biche).

L'historiette à compléter

Le principe : inventez une histoire dont les personnages principaux sont Monsieur (Légume) et Madame (Viande), en fonction de ce qu'il y a au menu. À chaque fois que vous prononcez le nom d'un personnage, l'enfant doit manger une cuillerée de l'aliment concerné.

\+ *Dès le plus jeune âge.*
\- *Cette option requiert quelques efforts/dons/notions d'improvisation.*

Les devinettes

Le principe : l'enfant ferme les yeux et doit deviner à chaque bouchée quel est l'aliment qu'il mange : « Devine ce que c'est ? »
Vous pouvez pimenter le jeu en mélangeant les aliments.

\+ *Cette option ne requiert aucun accessoire ou compétence particulière.*
\- *L'enfant doit savoir parler.*

Le chef de la Danette

Le principe : votre enfant rechigne à finir ses légumes ? Pas de panique ! Prenez votre téléphone et faites semblant d'appeler le grand manitou : le chef de la Danette. Négociez avec lui : « Il n'a mangé que trois cuillerées de riz, est-ce qu'il peut quand même avoir du dessert ? Ah, mince... O.K., je lui dis et je vous rappelle dans cinq minutes ! » Raccrochez la mine dépitée : « Désolée, chéri. Il a dit encore cinq bouchées, sinon pas de dessert ! » Une fois la mission accomplie et les bouchées englouties, rappelez le chef de la Danette :
« C'est bon : il a bien pris ses cinq bouchées ! On peut y aller ? Ah, super ! Merci, oui à demain. Bien l'bonjour à vot' dame ! »

\+ *Ça vous coûtera moins cher que d'appeler le Père Noël au 0 899 (numéro surtaxé à 3 € la minute).*
\- *Si l'enfant ne croit plus au Père Noël, il y a de grandes chances pour qu'il ne croit pas non plus au chef de la Danette !*

Pipi, caca, prout !
(quand les parents sont pires que les enfants)

BIENTÔT, VOUS ALLEZ GOÛTER AVEC DÉLICE AUX JOIES DE L'ÂGE DU « PIPI-CACA ». N'ALLEZ PAS CROIRE QUE ÇA VA S'ARRÊTER AVEC LA PUBERTÉ, LOIN DE LÀ ! ALORS AUTANT VOUS EN AMUSER VOUS AUSSI. MAIS, ATTENTION, ÇA DEVIENT VITE L'ES-CACA-LADE ET ON SE RETROUVE BRUSQUEMENT AVEC UN ENFANT QUI VEUT MONTRER SON C** À TOUS LES PASSANTS.

LISTE DES CHOSES QU'ON A LE DROIT DE FAIRE UNIQUEMENT EN FAMILLE

Tire sur mon doigt
Mais siiiii, vous savez, quand il tire sur votre doigt pour déclencher un pet. Ahaha, qu'est ce qu'on se marre dans cette famille !

Tu l'as vu ? Qui ça ? Bah, mon c !**
Ou comment apprendre à son enfant à être décomplexé du slip.

Concours de pets vs concours de rots
Oui, je sais, ce n'est pas très reluisant, et personne n'a envie que ses collègues de bureau sachent qu'il joue à ça à la maison. Mais bon, avouons quand même que peu de choses font autant rire nos enfants et nous, parents dévoués, on est prêt à tout pour qu'ils soient heureux, non ? Vraiment ?

Faire un prout avec ses dessous de bras
Depuis mes huit-neuf ans, je rêvais de savoir faire ça, j'ai abandonné, et puis j'ai eu un enfant. Des heures d'entraînement !

Quand l'élève dépasse le maître.

Chanter *Balibalo*
Non, là, c'est un peu trop pour leurs prudes oreilles !

T'as le bonjour de la pieuvre
Grand classique de la « dégoûtanterie » : se lécher la main et l'essuyer sur la joue du voisin. Entendez par voisin la personne qui est à côté de vous, et non le monsieur du 4e qui a déjà du mal à supporter les trottinettes dans le hall de l'immeuble.

Manger ses crottes de nez
Ne faites pas genre : tout le monde le fait ? Non !... Ouais, moi non plus !

Faire de la poé-zizi

Impossible de finir un chapitre sur l'âge du « pipi-caca », sans vous parler de ma chanson *Poé-zizi* !

Pipi-caca-sso, caca-pipi-taine,
pipi-caca-ssiette,
caca-pipi-tonne,
caca-popo-ter, pipi-popo-ter,
caca-popo-ral, pipi-popo-le.

Ma glace-glace préférée,
c'est au caca-ramel ;
Mon é-pipi-ce préférée,
c'est la caca-nelle ;
Mes pâ-pâtes préférées,
c'est les pâtes au pipi-stou ;
Mon Popo-kémon® préféré,
c'est Pipi-caca-chou !

Refrain
Si ton papa ne veut pas-pas
que tu dises « pipi caca »,
À la maison, chante cette
chanson !

Mon plat-plat préféré,
c'est la moussa-caca ;
Ma co-pipi-ne préférée,
c'est Jessi-caca ;
Ma pipi-scine préférée,
c'est un grand jacu-zizi ;
Mon maga-zizi-ne préféré,
c'est O-caca-pipi !

Refrain
Si ta maman ne veut pas-pas
que tu dises « pipi-caca »,
À la maison, chante cette
chanson !
Si ta maîtresse t'interdit-dit
de dire « caca » ou « pipi »,
À la récré, chante le prochain
couplet !

Mon sport-sport préféré,
c'est le caca-raté ;
Mon fu-zizi préféré,
c'est mon pipi-stolet ;
Ma caca-chette préférée,
c'est sous le caca-napé !
Pour ceux qui n'ont pas
compris, il n'y a qu'à
récapituler !

Pour me réveiller, je prends
du pain et du caca-fé,
Un p'tit pot-pot au
Caca-rambar®,
Du jus et du caca-tre quart !
Pour pipi-queniquer,
Je me fais des caca-rottes
râpées,
Du caca-billaud pipi-quant,
Pa-pipi-llottes de pipi-ments !
Pour mon caca-tre heures,
Je me fais un caca-scroute
au beurre,
Une caca-sserole de caca-o,
Pé-pipi-to®, Mi-caca-do® !
Et pour l'apéro,
Une pipi-zza au chorizo,
Des pipi-staches, des
cacahuètes,
Du Co-caca® en caca-nette !

Refrain
Allez-zizi, les amis-mis,
faites de la poé-zizi :
À vous de chanter vos gros
mots préférés !

Caca-tre livres à acheter

➻ *Caca boudin* de Stéphanie Blake
➻ *Crotte de nez* de Alan Mets
➻ *De la petite taupe qui voulait savoir qui lui avait fait sur la tête* de Werner Holzwarth et Wolf Erlbruch
➻ *Prout de Mammouth* de Noé Carlain et Anna Laura Cantone

Caca-tre chansons à écouter

➻ *Le Zizi* de Pierre Perret
➻ *Les Crottes de nez* de Merlot
➻ *Merdocu* de Vincent Malone (Le Roi des papas)
➻ *Poé-zizi* de… moi !

Caca-tre phrases cultes

(je dirais même cucu-lte) à supporter

« Gros caca qui pue des fesses ! »
« Je vais faire pipi sur toi ! »
« Caca boudin ! »
« Promis, juré, craché, si j'mens, j'mange une crotte de nez ! »

LA VRAIE VIE

Vous pouvez répéter la questioooon ?

RÉPÉTER, RÉPÉTER, RÉPÉTER, RÉPÉTER, ÇA VA DEVENIR VOTRE DEUXIÈME MÉTIER. RÉPÉTER, RÉPÉTER, RÉPÉTER, RÉPÉTER, VOUS ALLEZ SURTOUT FINIR PAR RÉ-PÉTER LES PLOMBS !

MON ASTUCE À MOI : enregistrez les phrases les plus répandues sur votre smartphone, celles que vous allez répéter le plus. Choisissez-les dans la liste ci-dessous. Vous n'aurez plus qu'à appuyer sur « Play » en cas de besoin.

Mémo

- Arrête de mettre tes doigts dans ton nez !
- Ne saute pas sur le canapé !
- On regarde des deux côtés avant de traverser !
- Je compte jusqu'à 3 !?
- Arrête de mettre tes doigts dans ton assiette !
- Et ne joue pas avec ta fourchette !
- On ne joue pas au foot à l'intérieur !
- On ne tape pas sa petite sœur !
- Arrête de tirer les cheveux de ta sœur !
- On ne dessine pas sur les habits de sa sœur !
- J'ai rien entendu ! Qu'est-ce qu'on dit ?
- C'est quoi le mot magique ?
- Va faire tes devoirs !
- Range-moi ce bazar !
- Dépêche-toi, on va être en retard !
- On ne tape pas son papa ni sa maman !
- Va te laver les dents !

Non, on ne mange pas de bonbon avant le dîner !

Tu as regardé assez de dessins animés !

N'essuie pas tes doigts sur la nappe !

Maintenant lâche-moi la grappe !
(Non ! Ça, on le pense souvent mais on ne le dit pas !)

PERSONNALISEZ CETTE LISTE AVEC VOS PROPRES RÉPLIQUES :

....

....

....

....

....

....

....

....

....

....

Vous coache en 10 points

1 Je formule positivement ce que j'attends (et non ce que je ne veux pas).

2 J'établis des règles et je les valide en famille.

3 Je propose des choix à mon enfant : « Préfères-tu faire comme ceci ou comme cela ? »

4 Je demande à mon enfant de se mettre à ma place et de deviner ce que je ressens quand il me fait une scène.

5 Je me mets près de mon enfant et je lui parle calmement.

6 Je joue avec lui pour le motiver.

7 Je le remercie et je lui donne des signes d'attention sur le positif au lieu de faire des reproches.

8 Je ne parle pas ou peu. Au lieu de répéter sans cesse, j'opte pour la communication non verbale. Si mon enfant a oublié de se déchausser, je lui souris et je lui montre ses chaussures.

9 Je montre l'exemple.

10 Je le félicite pour l'encourager.

Range ta chambre !

LA CHAMBRE DE VOTRE ENFANT RESSEMBLE À UN CHAMP DE BATAILLE ? QUE CELUI QUI N'A JAMAIS MARCHÉ SUR UN JOUET EN PLASTIQUE, LÈVE LA MAIN ! COMMENT LE FAIRE RANGER ? POUR QUE LE RANGEMENT SOIT RAPIDE ET EFFICACE, IL FAUT QU'IL SOIT LUDIQUE.

Impliquez votre enfant

Le principe : celui qui range le plus de jouets de sa couleur favorite a gagné.

Vous pouvez vous prendre au jeu.

Il faut ranger avec lui.

Le tapis magique

Le principe : achetez un tapis de jeu ou sac de rangement appelé « Play and go ». C'est une sorte de baluchon géant où les jouets sont rassemblés. Il suffit de le déplier pour laisser l'enfant jouer dedans et de le ranger quand il a fini (sans oublier d'enlever l'enfant avant !).

Le tout-en-un, c'est ultra pratique.

Il risque de se lasser de jouer toujours avec les mêmes jouets.

« J'te chronomètre ! »

Le principe : être le plus rapide !

Vous pouvez siroter tranquillement votre café pendant que monsieur/mademoiselle J'en-fous-partout tente de battre le record de vitesse de l'homme qui range à pic !

Si vous aviez un système de rangement précis, c'est mort. Vous allez retrouver les petites voitures avec les Playmobil et la dînette dans la boîte à crayons, c'est sûr !

EN DERNIER RECOURS, PAYEZ-LE !

LA VRAIE VIE

Les tâches que votre enfant peut faire selon son âge

NETTOYER, BALAYER, ASTIQUER, (CASA TOUJOURS PIMPANTE).
PAS DE SCRUPULES, FAITES LUI PRENDRE DE BONNES HABITUDES.
ÇA L'AIDE À SE SENTIR UTILE ET CONTRIBUE À BÂTIR SA CONFIANCE EN LUI.
SI, SI, JE VOUS ASSURE ! C'EST UN CÉLÈBRE PÉDO-PSY QUI ME L'A DIT !

2 À 3 ANS

- Ranger les jouets dans le coffre à jouets
- Ranger les livres sur les étagères
- Mettre les vêtements sales dans le panier à linge
- Jeter les déchets à la poubelle

4 À 5 ANS

- Nourrir les animaux
- Ranger les jouets
- Ranger sa chambre
- Arroser les plantes
- Aider à préparer le goûter

6 À 7 ANS

- Plier les serviettes
- Trier les chaussettes propres
- Ratisser les feuilles dans le jardin
- Mettre la table

8 À 9 ANS

- Mettre la vaisselle dans le lave-vaisselle
- Ranger les courses
- Essuyer la table
- Épousseter les meubles

ET LE VÔTRE, IL FAIT QUOI ?

....
....
....
....
....
....
....
....
....
....

10 À 11 ANS

- Passer l'aspirateur
- Tondre la pelouse
- Nettoyer la salle de bain
- Faire réchauffer un plat

12 ANS ET PLUS

- Repasser des vêtements
- Laver les vitres
- Cuisiner un repas simple
- Faire les courses

LA VRAIE VIE

Ça gratte ? Ça chatouille ? Sauve-qui-poux !

LES POUX NOUS POURRISSENT LA VIE, DU PLUS GRAND AU PLUS PETIT. À LA MAISON, TOUT LE MONDE EST CONCERNÉ : LE PAPA, LA MAMAN, LE PÉPÉ, LE BÉBÉ, LE TOUTOU, LA NOUNOU, LES DOUDOUS, SAUF S'ILS N'ONT PAS UN POIL SUR LE CAILLOU. ALORS... PAS QUESTION DE LAISSER LES POUX S'INSTALLER !

Vous avez oublié ce que c'était d'être pestiférée ? Attendez que votre famille soit contaminée !
Les poux ont beau ne plus être tabou, une maman qui dit que son enfant en a, ça équivaut à lui mettre une pancarte : « Ne jouez pas avec moi ! »
Du coup, on est toujours un peu hésitant. **Pou**-rtant c'est im-**pou**-rtant : il suffit qu'un enfant ne se fasse pas traiter (épouiller) pour que toute la classe soit infestée.

Quand il y a des poux dans la classe, tout le monde y passe, c'est la poisse ! Les peluches, les draps housses, les coussins, les serviettes... Mais bonne nouvelle pour votre porte-monnaie et votre machine à laver : ça ne sert à rien ! Finis les kilos de lessive à 60 °C !
C'est aussi inutile de dépenser la moitié de votre salaire en produits toxiques. Il suffit de s'armer de patience et d'un peigne fin.
La surveillance est le maître-mot. C'est le docteur Izri, spécialiste de la parasitologie, qui l'a dit quand il est venu faire sa conférence dans l'école de mon fils.
Cela dit, si rester les bras croisés pendant que votre gamin se gratte, ça vous angoisse, voilà quelques pro-**pou**-sitions.

Sur Internet, vous trouverez tout un tas de remèdes de grand-mère à base de vinaigre blanc, d'huile d'olive, de mayonnaise et autres aromates !
Vous sentirez le taboulé à plein nez, mais ça vous coûtera moins cher que les lotions pharmaceutiques.

Une goutte d'huile essentielle de lavande derrière le lobe de chaque oreille, comme le fameux parfum N° 5, tous les soirs et tous les matins, poupoupidou !

En mode primate, épouillez chaque cheveu un par un, à la main. Transformez-vous en Mama Indiana Jones à la recherche de la lente perdue !

EN DERNIER RECOURS, VOUS POUVEZ TOUJOURS MONTER UN ÉLEVAGE ET ESSAYER DE LES A-POU-RIVOISER.

Il est écrit qu'après les crottes de lapin et la boue sur les cheveux, il faut danser à cloche-pied en se tenant la main et ...
Je veux du Pouxit !

Quoi de neuf, docteur ?

PAS TOUJOURS FACILE DE SE CHANGER EN INFIRMIÈRE À DOMICILE. VOICI QUELQUES RÉFLEXES À ADOPTER SANS AVOIR À APPELER LES POMPIERS

Ça a commencé avant même l'arrivée de bébé – en Europe en tout cas, où la grossesse est forcément médicalisée. Même si vous aviez décidé d'accoucher sans péridurale sous une yourte et avec un shaman en guise de sage-femme, pendant neuf mois, vous avez gobé de l'acide folique, fait tester votre liquide amniotique et depuis ça ne s'est plus arrêté : pédiatre, PMI, médecine scolaire, médecine du travail, maison de retraite médicalisée... Pas moyen d'y couper !

Ça commence par les pesées (tous les quinze jours), puis le parcours du combattant pour trouver un bon pédiatre (tous les mois ou presque). N'importe quel docteur ne fait pas l'affaire car, une fois en collectivité (crèche ou maternelle), votre enfant tombe malade tous les quatre jours (du moins, c'est l'impression que vous avez...) : otite, bronchite, rhinopharyngite, et plein d'autres trucs en « -ite » qui vous cassent les pieds ! Vous avez donc plutôt intérêt à faire confiance à la personne qui prescrit à la prunelle de vos yeux : son sirop pour la toux, sa lotion anti-poux, son gel anti-douleurs, sa crème anti-rougeurs, sa dose de Doliprane, ses pilules mal au crâne, son Arnica, son Dexeryl, son Stodal, son Advil, mais aussi son coton, ses compresses, son Bepanthen et son sérum phy. Votre salle de bain, c'est une vraie pharmacie !

APPELEZ-MOI MÈRE-CUROCHROME

Préparez-vous à enchaîner rougeole, varicelle, oreillons et à annuler un paquet de réunions. Vous aurez beau avoir l'entretien d'embauche de votre vie, si le thermomètre dépasse les 38,5 °C, rien ne vous empêchera de passer la nuit au chevet de votre petit !

Même s'il avait la maladie des zombies, vous le prendriez dans votre lit, car, vous le savez, le meilleur des remèdes, c'est les câlins-bisous de maman ! Ça marche aussi sur les entorses et sur les bosses, pour la fièvre, les bobos, les blessures et les gastros, et même pour les cœurs brisés. Un bisou magique, ça peut tout réparer.

Mais la vraie vie, ce n'est pas le monde des Bisounours, alors voici quelques réflexes à adopter le jour où...

MISTER VOMITO

En cas de gastro ou d'intoxication alimentaire, une seule chose compte... Votre enfant ? Oui, O.K., mais on a dit qu'on sortait du monde des Bisounours... Non, c'est votre tapis ! Le pyjama plein de vomi, ça se lave, le matelas, ça s'essuie, mais la moquette, ça pourrit ! Alors pas question de garder les stigmates d'un yaourt périmé sur le sol pendant des années.

LE RÉFLEXE À ADOPTER : serviettes + bassine.
Briefez votre enfant pour qu'il vise bien dans la bassine, mais prévoyez quand même les accidents et recouvrez le lit de serviettes, plus faciles à rincer et à mettre dans la machine à laver que le matelas tout entier.

Si vous n'avez pas d'alèse ou bien si elle est déjà condamnée à la machine à laver, vous trouverez à la pharmacie des alèses jetables : elles sont faciles à transporter et ce n'est pas la peine de les laver, les sécher ni les repasser. En revanche, ça risque de vous rappeler la maison de retraite de papi Gilbert…

BOBOLAND

Un ongle cassé, une écharde enfoncée, un bout de doigt coupé ? Du plus petit bobo au plus grand drame, vous allez voir couler un océan de larmes.

LE RÉFLEXE À ADOPTER : Arnica + pansement.
L'Arnica, c'est mon partenaire santé… et ça marche vachement mieux que la Contrex en partenaire minceur !
Trois petites billes de sucre par heure, c'est plus facile à avaler que n'importe quel sirop et c'est tellement petit que vous pouvez l'emmener partout. Au parc, au supermarché, à la piscine, au musée, un bobo est vite arrivé mais, avec votre Arnica en poche, prêt à être dégainé, le problème est vite réglé !
Enfin, si le bobo en question, c'est une triple fracture ouverte, l'Arnica ne suffira pas, l'homéopathie, c'est pas de la magie !

S'il y a la moindre petite goutte de sang, proposez un pansement. Votre enfant sentira que vous le prenez au sérieux. Même si en vrai, c'est une chochotte qui pleure toutes les larmes de son corps pour une piqûre de moustique… C'est l'effet placebo.

Investissez dans des pansements à l'effigie de ses personnages préférés. Il aura presque hâte d'avoir son prochain bobo ! Vous ne vous sentiriez pas mieux, vous, si vous aviez Brad Pitt autour du doigt ?

SATURDAY NIGHT FEVER

D'une année sur l'autre, d'un médecin à l'autre, les consignes changent. Entre le « Donnez un bain froid ! » et le « Malheureuse, surtout pas de bain froid ! », comment on fait, nous, pour s'y retrouver ?

LE RÉFLEXE À ADOPTER : paracétamol + thermomètre.
Ayez toujours un flacon de paracétamol sous la main et investissez dans un thermomètre frontal.

Pour voir s'il est chaud, plutôt que de lui poser la main sur le front, faites-lui un bisou. C'est plus agréable, et surtout, joue contre joue, on sent mieux la différence de température.

Les nouveaux héros

AU FIL DES ANNÉES, LES ÉGÉRIES ONT BIEN CHANGÉ. OUBLIEZ VOTRE COLLECTION DE POLLUX, GOLDORAK, DENVER, BIOMAN ET G.I. JOE POUR ÉPATER VOS MARMOTS ! VOICI LEURS NOUVEAUX HÉROS POUR QUE VOUS N'AYEZ PAS L'AIR D'UN VIEUX SCHNOCK-HAS BEEN-RINGARD QUAND VOTRE ENFANT VOUS PARLERA DE SHREK, SALAMÈCHE ET BULBIZARRE.

HELLO KITTY

QUI C'EST ?

Une chatte blanche avec un nœud dans les cheveux.
Vous ne pouvez pas passer à côté : sur les chaussettes, sur les baskets, les housses de couettes, sur les cartables, les sets de table, les seaux de plage. Elle est partout.

WHAT THE FUCK ?

La meuf n'a pas de cheveux, mais son signe distinctif, c'est une barrette !

LES LAPINS CRÉTINS

QUI C'EST ?

Comme leur nom l'indique, des lapins + des crétins = Lapins Crétins.

WHAT THE FUCK ?

Gros brainstorming pour trouver le nom, apparemment.

OUI-OUI

QUI C'EST ?

Le gars a cinq ans et demi, un bonnet avec un grelot et il conduit une auto. Pardon, mais son meilleur pote s'appelle Potiron ! #Messagesubliminalduministère-delasanté ?

WHAT THE FUCK ?

Cinq ans et déjà le permis !

T'CHOUPI

QUI C'EST ?

Une taupe ? un hérisson ?

WHAT THE FUCK ?

On ne sait pas trop trop !*

**** Bravo !***
T'as capté le jeu de mots !

PETIT OURS BRUN

QUI C'EST ?
Un petit ours brun, tout simplement.
WHAT THE FUCK ?
En fait, il pourrait s'appeler Petit Ours Marron.

DORA L'EXPLORATRICE

QUI C'EST ?
Une petite Péruvienne avec la coupe de Mireille Mathieu.
WHAT THE FUCK ?
Une fille avec un sac à dos, accompagnée d'un singe affublé d'une fâcheuse tendance à bugger entre deux phrases.

TROTRO

QUI C'EST ?
Un âne avec une coupe de punk.
WHAT THE FUCK ?
On dirait un dessin de mon fils !

LES SUPER-HÉROS

QUI C'EST ?
Batman, Superman, Spider-man, Iron Man et toute la clique, y a de quoi s'y perdre ! Ils ne pourraient pas s'appeler Chauve-souris Man, Slip Man ou Araignée Man ?
WHAT THE FUCK ?
Heureusement que Wonder Woman est là !

LA REINE DES NEIGES

QUI C'EST ?
La première princesse à assumer ses cheveux blancs ! #respect
WHAT THE FUCK ?
Libééééérrrrez-moi !

YODA

QUI C'EST ?
Un petit bonhomme vert qui parle à l'envers.
WHAT THE FUCK ?
Je parle mieux verlan que lui !

CARS

QUI C'EST ?
Des voitures qui parlent.
WHAT THE FUCK ?
La version animée de K 2000 !

PLANES

QUI C'EST ?
Des avions qui parlent.
WHAT THE FUCK ?
On ne change pas une équipe qui gagne, puisque Cars a cartonné, ils ont décliné la version avec des avions.
Je ne serais pas étonnée de découvrir *Boats* ou *Trottinettes* d'ici à 2018.

À quoi tu joues ?

DU « BOUH ! » BASIQUE, À LA « PETITE BÊTE QUI MONTE, QUI MONTE », EN PASSANT PAR « 1, 2, 3... SOLEIL ! », CACHE-CACHE ET « NI OUI, NI NON », UN ENFANT, ÇA JOUE ET ÇA VEUT QU'ON JOUE AVEC LUI. LE HIC, C'EST QU'IL FAUT ATTENDRE UNE BONNE DIZAINE D'ANNÉES AVANT DE POUVOIR FAIRE DES PARTIES DE TIME'S UP ! ENDIABLÉES AVEC LUI. HEUREUSEMENT, POUR PATIENTER, IL EXISTE TOUTES SORTES DE JEUX. PARCE QUE JOUER À « ON DIRAIT QUE TU SERAIS UN MÉCHANT PIRATE ET MOI UNE PRINCESSE... », ÇA VA UN MOMENT !

JEUX D'EXTÉRIEUR

Balle aux prisonniers
Cache-cache
Chat perché, chat couleur
Parcours de billes
Pétanque
Hockey
Croquet
Dauphin dauphine
Épervier
Tomate

À LA MAISON

Scrabble
Échecs
Dominos
Mikado
Billes
Dames
Memory
Baccalauréat
Qui est-ce ?
Monsieur Patate
Docteur Maboul
Hippos gloutons
La Bonne Paye
Monopoly
Cluedo
Risk
Uno
Mille bornes
Pictionary
Bata-waf
Monsieur je sais tout
Pouet ! Pouet !

EN VOITURE

Chabada : trouver un maximum de chansons avec le même mot dedans.

Devine ce que je siffle ! : faire deviner des chansons.

Le premier qui trouve une voiture bleue, une voiture blanche, une voiture rouge. Vive la France !

ABCD : trouver toutes les lettres de l'alphabet sur les plaques d'immatriculation.

Petit bac : trouver un maximum de prénoms en A, de métiers en B, de plats en C…

AU RESTO

Ni oui, ni non

Portrait chinois

Roi du silence

25 activités pour ne plus s'ennuyer

EN PANNE D'INSPIRATION ? ALLEZ, JE SUIS SYMPA, JE VOUS AIDE UN PEU…

N°1

Construire une cabane ou une tente avec des couvertures et des pinces à linge.

N°2

Organiser un cache-cache peluche : vous cachez une peluche et vos enfants la cherchent jusqu'à ce qu'ils la trouvent.

N°3

Créer un jeu de bowling avec une balle et quelques bouteilles d'eau en plastique.

N°4

Créer la plus longue ligne de dominos possible dans la maison.

N°5

Rédiger un règlement pour améliorer la vie dans la maison. Je suis sûre qu'ils auront beaucoup à dire !

N°6

Organiser une course de petites voitures en collant du ruban adhésif coloré sur le sol pour faire une piste de course : à travers les portes, sous les tables et même dans les escaliers.

N°7

Faire un gâteau et organiser un goûter à thème.

N°8

Leur faire dessiner leur autoportrait en se regardant dans un miroir ou leur faire dessiner le portrait de quelqu'un d'autre.

N°9

Faire un bac à sable intérieur avec du riz (ou de la farine).

N°10

Organiser un goûter où vos enfants invitent tous les animaux en peluche et les poupées de la maison.

N°11

Faire de la fausse neige avec du bicarbonate alimentaire et de la mousse à raser. C'est le plaisir de la neige sans le froid !

N°12

Faire un roman-photo en utilisant tous les déguisements.

N°13

Apporter le soleil dans la maison en défiant vos enfants de créer un arc-en-ciel : ils ont juste besoin d'un récipient transparent rempli d'eau, d'un miroir, d'une feuille blanche et d'une lampe de poche.

N°14

Créer un tangram avec beaucoup, beaucoup de pièces.

N°15

Jouer au ping-pong avec des ballons de baudruche et des assiettes en carton.

N°16

Dessiner et colorier en donnant un thème (monstres, pirates, animaux...).

N°17

Apprendre à jouer aux échecs ou aux dames.

N°18

Organiser une chasse aux trésors en donnant une liste d'objets à trouver.

N°19

Faire un parcours de billes.

N°20

Construire une tour infernale à l'aide de Lego.

N°21

Créer un tableau original à l'aide de vieux magazines et de journaux.

N°22

Créer une marelle avec du ruban adhésif sur le sol.

N°23

Créer des figurines avec de la pâte à modeler ou de la pâte à sel.

N°24

Créer des robots à l'aide de carton, de papier d'aluminium, de boîtes de lait, de boutons.

N°25

Créer des marionnettes avec de vieilles chaussettes et inventer une histoire. Représentation à 17 h précises.

Et là tu vois Bill aboie ! Haha ! Excellent !
Bon, on peut regarder un pokémon ?
Boule & Bill
nutella

Retour vers le futur

DEVENIR PARENT, C'EST REDEVENIR UN ENFANT :
VIVE LE SYNDROME DE PETER PAN !

Tous les jeux qu'on avait oubliés : nos vieilles cassettes, nos vieilles BD, les mangas qu'on regardait à la télé, les bonbons qu'on aimait acheter, on les avait mis de côté, car on était devenu des grands !
Mais une fois qu'on devient parent, tout redevient possible : sous couvert d'occuper son petit, c'est permis !
Alors profitez-en !
Vous allez pouvoir regarder tout plein de dessins animés, youpi !
C'est vrai qu'ils ont un peu vieilli mais, grâce à YouTube, vous pourrez tout retrouver en un clic.

LES DESSINS ANIMÉS

Il était une fois... la Vie, Les Snorky, Les Cités d'or, Albator, X-Or, Goldorak, Les Chevaliers du Zodiaque, Bioman, Superman, Cat's Eyes, Nicky Larson, Princesse Sarah, Cobra, Boumbo, Bibifoc.

LES BD

Astérix et Obélix, Boule et Bill, Gaston Lagaffe, Lucky Luke, Spirou, Tintin et Milou.

LES JEUX

Balle aux prisonniers, épervier, 1,2,3... Soleil !, cache-cache, tomate, chat perché, chat couleur.

LA MUSIQUE

Dorothée, Chantal Goya, Pierre Perret, Douchka, Anne Sylvestre et ses fabulettes.

LES CHOSES BONNES À MANGER

Le Galak, le Nesquik, le Nutella (comme si vous aviez arrêté un jour !), le Kiri, La Vache qui rit, les P'tits Louis, les petits-suisses, le poisson pané et les frites, les nuggets de poulet et la purée, les Knacki et les spaghetti.

Checklist départ en vacances

ÊTES VOUS SÛRE DE N'AVOIR RIEN OUBLIÉ ? SUIVEZ LE GUIDE !

LES JEUX

- [ ] Ni oui, ni non
- [ ] Devine à qui je pense
- [ ] Jacques a dit
- [ ] J'ai emporté dans ma valise
- [ ] Pierre, feuille, ciseaux
- [ ] Le roi du silence

NOURRITURE ET BOISSON

- [ ] Barres de céréales
- [ ] Eau
- [ ] Jus
- [ ] Gâteaux
- [ ] Fruits
- [ ] Snacks
- [ ] Sandwichs

LES INDISPENSABLES

- [ ] Nécessaire de pharmacie
- [ ] Vêtements de rechange
- [ ] Chargeurs
- [ ] Médicaments contre la nausée
- [ ] Coussin
- [ ] Appareil photo
- [ ] Sac poubelle
- [ ] Mouchoirs
- [ ] Musique

EN ROUTE ON N'OUBLIE PAS

- ☐ de faire un arrêt toutes les deux heures,
- ☐ de garder une température agréable dans la voiture,
- ☐ de vérifier les sièges, les ceintures,
- ☐ de prendre connaissance de la météo sur le trajet.
- ☐ Restez cool, profitez du trajet !

POUR SE DISTRAIRE

- ☐ Coloriages
- ☐ Feuilles blanches
- ☐ Poupées, peluches, petits jouets
- ☐ Tablette
- ☐ Livres

LA VRAIE VIE

Le dilemme des vacances : partir avec ou sans enfant ?

SI POUR VOUS VACANCES RIMENT AVEC FARNIENTE, OUBLIEZ. SI VOUS ÊTES PLUTÔT KITESURF, CANYONING OU TREKKING, OUBLIEZ AUSSI. DE TOUTE FAÇON, AVEC OU SANS ENFANT, VOUS NE SEREZ PLUS JAMAIS AUSSI INSOUCIANTE QU'AVANT. SI VOUS PARTEZ AVEC VOTRE ENFANT, IL VA VOUS SOÛLER ET VOUS REVIENDREZ AUSSI FATIGUÉE QU'APRÈS UN SAFARI. SI VOUS PARTEZ SANS LUI, VOUS PENSEREZ À LUI TOUT LE TEMPS, MÊME EN PLEIN SAFARI.

Choix n° 1

SANS *enfant*

+ La belle vie = grasses mat', restos, boîtes de nuit, pas de biberons, pas de couches, pas de chamailleries, pas de caprices, pas de jouets en plastique, mojitos à tous les repas, etc., etc.

− Ça n'arrive qu'une fois tous les dix ans ! Admettons que votre enfant n'ait pas tout gâché au dernier moment avec une bronchiolite/une angine/des poux/une garde à vue... et que vous arriviez à partir en amoureux (champaaaagne !), même si vous avez trouvé une âme charitable et de confiance pour jouer les baby-sitters longue durée, vous ne partirez plus jamais l'esprit tranquille.
Est-ce que j'ai prévu assez d'habits ?
Est-ce que j'ai bien mis la Ventoline ?
Ta mère sait qu'il est intolérant au gluten ?
Tu as bien pensé à lui donner un doudou ?

Et quand bien même vous feriez partie de la catégorie « Keep calm and drink mojitos », je vous mets au défi de passer le séjour sans vous dire à chaque coucher de soleil : « Ooooooh ! J'aimerais trop qu'il voit ça ! » ou « On appelle ta mère pour parler à Doudou ? », ni parler de votre descendance à la moindre occasion : « Regarde, chéri, un chat ! Ça me fait penser à Petit Chat... », « Un lapin ! Il me manque mon lapin... »

Choix n° 2

AVEC *enfant*

+ Si vous partez en train avec la carte Enfant+, vous pouvez bénéficier de 25 % de réduc' (youhou !) et pas besoin de chercher un cadeau à rapporter pour remercier la personne qui a subi votre ~~chiard~~ trésor pendant votre séjour.

− Pas de grasses mat', pas de restos, pas de boîtes de nuit, biberons, couches, chamailleries, caprices, jouets en plastiques, zéro mojito à tous les repas, etc., etc.

Vous ne revivrez certes pas les nuits de folie de vos vingt ans, mais un marmot qui se réveille aux aurores, c'est aussi l'occasion de voir de magnifiques levers de soleil, d'arriver au buffet du petit déjeuner avant tout le monde et de se faire des orgies de viennoiseries, d'avoir les meilleurs transats autour de la piscine (déjà, en avoir un tout court, c'est inespéré d'habitude !).

Vous pouvez aussi faire partie de la catégorie des « lucky parents », aussi appelés les « Pfffff ! Ils m'énervent ceux-là ! », dont les enfants ne se lèvent pas avant dix heures du mat' et en silence en plus. Limite, ils préparent le petit déjeuner et passent le balai ou rangent leur chambre en attendant que leurs parents soient frais et dispos.

On peut se lamenter de ne pas pouvoir bouquiner tranquille sur sa serviette quand on a un enfant à surveiller à la plage, mais voir son enfant jouer dans le sable fait partie des plus beaux spectacles (gratuits) d'une vie de parent. Tout comme voir son sourire grand comme un soleil quand il saute dans la piscine.

EN RÉSUMÉ, PARTIR EN VACANCES AVEC LES ENFANTS, C'EST BIEN. MAIS PARTIR EN VACANCES AVEC LES ENFANTS QUAND IL Y A UN CLUB ENFANTS, C'EST MIEUX ! C'EST LA CONDITION SINE QUA NON POUR POUVOIR À LA FOIS S'É-MÈRE-VEILLER ET SE REPOSER... ET MÊME BOIRE UN PETIT MOJITO DE TEMPS EN TEMPS !

50 activités à faire pendant les vacances

« MAMANNN, J'M'ENNUIE ! CHAÎ PAS QUOI FAIRE... ». QUI N'A JAMAIS ENTENDU CETTE DOUCE CHANSON ? NE SOYEZ PLUS PRISE AU DÉPOURVU, VOICI VOTRE LISTE DE SURVIE !

N°1
Dessiner, peindre.

N°2
Faire un concours de beauté.

N°3
Une promenade en pleine nature.

N°4
Faire des gâteaux.

N°5
Faire un jeu de société.

N°6
Aller au zoo.

N°7
Lire à l'ombre d'un arbre.

N°8
Fabriquer une cabane.

N°9
Faire des bulles de savon.

N°10
Une journée à la plage.

N°11
Une promenade à vélo.

N°12
Aller à la piscine.

N°13
Fabriquer un cerf-volant.

N°14
Voir un feu d'artifice.

N°15
Fabriquer des photophores ou des lanternes.

N°16
Une chasse aux couleurs en pleine nature.

N°17
Faire des hamburgers.

N°18
Faire une marelle.

N°19
Créer un numéro de cirque.

N°20
Inventer une chorégraphie.

N°21
Fabriquer un attrape-rêves.

N°22
Fabriquer des fleurs ou des cocottes en papier.

N°23
Se déguiser.

N°24
Aller à une fête foraine.

N°25
Inviter un copain.

N°26
Dormir sous la tente.

N°27
Fabriquer des paper toys.

N°28
Faire un reportage photo.

N°29
Faire voler un cerf-volant.

N°30
Dessiner au sol à la craie.

N°31
Fabriquer des moulins à vent en papier.

N°32
Faire un pique-nique.

N°33
Faire du pop-corn.

N°34
Faire des origamis.

N°35
Voir un match (de foot, de rugby, de tennis...).

N°36
Inventer des mini-pizzas.

N°37
Fabriquer un nichoir à oiseaux.

N°38
Faire des avions en papier.

N°39
Faire des brochettes de fruits.

N°40
Fabriquer des petits carnets.

N°41
Faire des jeux de ballon.

N°42
Faire des glaces à l'eau.

N°43
Une promenade en ville.

N°44
Organiser une chasse au trésor.

N°45
Fabriquer des colliers ou des bracelets.

N°46
Faire un album photos sur les vacances.

N°47
Jardiner.

N°48
Fabriquer des doudous.

N°49
Faire de la poterie.

N°50
S'arroser au pistolet à eau.

LA VRAIE VIE

Comment survivre à l'organisation d'un goûter d'anniversaire ?

Mémo

POUR ORGANISER UN GOÛTER D'ANNIVERSAIRE INOUBLIABLE

- ☐ Date et heure
- ☐ Invités
- ☐ Thème
- ☐ Carton d'invitation
- ☐ Nourriture et boissons
- ☐ Décoration (y compris table)
- ☐ Gâteau et bougies
- ☐ Activités
- ☐ Jeux et prix
- ☐ Cadeaux aux invités
- ☐ Musique

ALORS SOYONS CLAIRS : LES ANNIVERSAIRES, C'EST L'ENFER ! DIX GAMINS SUREXCITÉS, LES DOIGTS PLEINS DE CHOCOLAT, QUI FONCENT DROIT VERS VOTRE CANAPÉ, VOUS VOYEZ LE TABLEAU ? DÉSOLÉE, VOUS ALLEZ QUAND MÊME DEVOIR Y PASSER… ORGANISER UNE FÊTE D'ANNIVERSAIRE QUI DÉCHIRE SA MÈRE FAIT PARTIE DU RITE D'INITIATION DES SUPER-MAMANS. RASSUREZ-VOUS. CE N'EST PAS INFAISABLE. LE MAÎTRE MOT, C'EST ORGANISATION !

J - 1 mois

Choisir le nombre d'invités, le thème, le lieu. Réfléchissez en fonction de l'âge et des goûts de votre enfant. Si vous décidez d'organiser un anniversaire déguisé, choisissez un thème facile.
Il faudra prévoir du maquillage et des accessoires en rab pour ceux qui sont en rade.

LE CARTON D'INVITATION

À faire soi-même ou déjà préimprimé, pourvu qu'il soit personnalisé par votre enfant. N'oubliez pas de préciser le jour, la durée, et toutes les informations pour venir chez vous. Vérifiez une semaine avant le jour J que tous les destinataires ont bien reçu l'invitation.

Mes conseils étape par étape

Jour J

Pour le buffet, bye-bye la diététique, aujourd'hui, c'est la fête ! Prévoyez toutefois les biscuits en petit conditionnement pour éviter le gâchis. Les enfants ne mangent pas tant que ça. Mettez des bonbons en libre service et proposez des boissons avec et sans bulle. Achetez de la vaisselle en carton blanche en quantité et demandez à votre enfant de la customiser avec des stickers ou des gommettes.

LE GÂTEAU

Inutile de faire une pièce montée. Confectionnez un gâteau au yaourt classique et décorez-le avec des bonbons et des petites figurines récupérées du coffret à jouets (passez-les à l'eau avant, hein ?). Succès garanti !

L'ANIMATION

À vous de choisir : un chamboule-tout, une piñata, une chasse au trésor, une séance photo (c'est là que les déguisements vont prendre toute leur splendeur), un concours de coloriages.

LES CADEAUX

Bonbons, jouets, serpentins, il n'y a pas d'anniversaire sans sac-souvenir à emporter. Organisez une pêche à la ligne pour que chaque enfant gagne son petit paquet en faisant bien attention à ce qu'ils soient tous identiques afin d'éviter les incidents diplomatiques !

Vous n'avez pas le temps et vous souhaitez passer un bon moment, faites intervenir une entreprise ! Il faut compter, pour une dizaine d'enfants, entre 125 € et 230 € pour l'animation d'un après-midi. Plusieurs formules existent : avec un magicien, un clown, un animateur...

LE BON TIMING

Comptez deux heures maximum pour les enfants de maternelle. Les enfants se fatiguent vite, surviennent alors les disputes et les larmes. Pour les plus grands, trois heures, c'est largement suffisant pour bien jouer et dévorer le gâteau d'anniversaire.

Tu veux ma photo ?

IL EST LOIN LE TEMPS DES POLAROID ET DES ALBUMS PHOTOS PLASTIFIÉS. LE NUMÉRIQUE A CHANGÉ LA DONNE. GRÂCE À VOTRE SMARTPHONE DERNIER CRI MODÈLE SUPER-CHOUETTE, VOUS PRENEZ VOS ENFANTS EN PHOTO SOUS TOUTES LES COUTURES : DE FACE, DE DOS, DE PROFIL... CHAQUE MOMENT DE LA JOURNÉE EST PRÉTEXTE À DÉGAINER. IL N'Y A QU'À REGARDER LES COMPTES INSTAGRAM DE VOS COPINES : #BÉBÉMANGE, #MAPUCEDORT, #FIEREDESAPREMIÈRECROTTE, #ELLEAFAITPIPIYOUPI...

1 Il faut laisser le temps au temps

Attendez six à huit mois avant de faire le premier tri. Vous verrez qu'en laissant passer un peu de temps, les 350 clichés de votre enfant qui réussit à lever un bras vous paraîtront beaucoup moins « Incroyable, t'as vu ça ce génie ! » qu'à l'époque où vous les avez pris.

DEUX MOIS PLUS TARD :

« Tu te rends compte, on s'extasiait devant lui juste parce qu'il arrivait à lever sa main alors que maintenant il sait carrément applaudir ! Filme, filme, j'te dis. »

2 Limitez-vous à 3 photos par série

Votre petit glouton s'est mis du chocolat sur le nez. Vous avez dégainé aussi sec pour envoyer une photo à mamie Lucette. Grâce au mode rafale, vous avez 45 fois la même photo, ou presque.

« Sur celle-là, il sourit plus. Et là, il a le regard pétillant, non ? Et sur celle-ci, regarde : tu as vu ce charisme ? »

Je sais, c'est dur, mais il faut choisir. Gardez seulement les trois meilleures. Aller, quatre, si c'est du Nutella...

3

Acheter un disque dur externe 3 To

Quel que soit le temps que vous passiez à trier, supprimer, classer, il va vous en rester des milliers. Ne lésinez pas sur la capacité de stockage.

4

Les livres numériques

Les albums photos 2.0, toujours en promo, pratique et esthétique, c'est LA super idée cadeau. L'inconvénient, c'est que si on veut personnaliser avec des titres et des anecdotes pour chaque photo, ça prend du temps, beaucoup de temps !
Donc, en gros, attendez d'être en congé maternité du deuxième pour faire l'album de naissance du premier.

Ces phrases sorties de notre bouche

(C'est vraiment moi qui ai dit ça ?)

JE VAIS COMPTER JUSQU'À TROIS...

Tu veux mon doigt ? Il est plus long que le tien !

SI TU FAIS PIPI DANS LA PISCINE, L'EAU VA DEVENIR TOUTE ROUGE.

MANGE TA MAIN ET GARDE L'AUTRE POUR DEMAIN !

Oui, j'avais dit qu'on irait à la piscine, mais j'ai appelé et la piscine est fermée...

Ta tortue est partie en voyage sans prévenir, parce qu'elle en avait marre que tu l'embêtes.

Si tu louches et qu'il y a du vent, tu vas rester comme ça toute ta vie.

DIS BONJOUR À LA DAME !

Pfff ! De toute façon, Secret Story, ça n'a aucun intérêt… Mais qui a gagné au fait ?

Tu ne pourras pas dire que je ne t'avais pas prévenu(e).

SI TU NE RANGES PAS TA CHAMBRE, JE METS TOUT TON BAZAR À LA POUBELLE

SI TU AS FAIM POUR DU CHOCOLAT, TU AS FAIM POUR DES BROCOLIS !

CE N'EST PAS LE CHÂTEAU DE VERSAILLES ICI, ALORS ÉTEINS LES LUMIÈRES !

Puisque c'est comme ça, je pars sans toi !

N'avale pas les noyaux, sinon un cerisier va pousser dans ton ventre

SI TU FRAPPES ENCORE TON COPAIN À LA RÉCRÉ, TU VAS PASSER DU CÔTÉ OBSCUR DE LA FORCE, COMME DARK VADOR.

Sale Gosse

C'est quoi son p'tit nom ?

VOTRE ENFANT N'ÉCHAPPERA PAS À UN SURNOM. QUAND ON DEVIENT PARENT, ON NE PEUT PAS S'EN EMPÊCHER, C'EST PLUS FORT QUE SOI…

Du plus classique au plus extravagant, Du plus minouche au plus humiliant, Du plus touchy au plus touchant, Derrière chaque surnom se cache un enfant (et vice versa).

Aussi sûr que votre enfant vous appellera « maman », vous l'appellerez « mon chat », « mon chéri », « mon chou », « Chouchou », « Boubou », « Doudou », « Riri », « Fifi » ou « Loulou ».

À noter que le surnom varie en fonction du milieu socio-professionnel des parents. Un poissonnier appelle son bébé « ma crevette », quand une boulangère surnomme le sien « mon sucre d'orge » (ou « ma baguette tradition », mais c'est plus rare !). Chez les vétos et les fermiers, on trouve des « mon lapin », « mon canard », « ma puce », alors que chez les chirurgiens, on recense pas mal de « mon cœur », « ma vie » (ou « ma vésicule biliaire », mais là aussi, c'est relativement rare !).

Lors de mes recherches ultra-scientifiques, j'ai récolté un joli bouquet de sobriquets. En voici un extrait (d'acte de naissance) :

- ☐ mon petit chat
- ☐ mon chacha
- ☐ mon koala
- ☐ mon ours en chocolat
- ☐ Croticrotta
- ☐ mon beluga
- ☐ Barbapapa
- ☐ P'tit Gars
- ☐ Mini-moi
- ☐ mon panda
- ☐ ma crotte en chocolat
- ☐ Bidon Bouddha

- ☐ mon bouchon
- ☐ mon ronchonchon
- ☐ mon chaton
- ☐ mon bichon
- ☐ ma grosse dondon
- ☐ mon lardon
- ☐ ma boule de coton
- ☐ mon papillon
- ☐ mon bonbon
- ☐ mon étalon
- ☐ mon lion
- ☐ mon poupon
- ☐ mon apollon
- ☐ mon chaton
- ☐ mon choubichatrognon

- ☐ mon p'tit loup
- ☐ mon loup
- ☐ Loulou
- ☐ Chou
- ☐ Chouchou
- ☐ Roudoudou
- ☐ mon choubidou
- ☐ mon p'tit bijou
- ☐ mon voleur de bisous
- ☐ mon chou en caoutchouc
- ☐ le roi des bisous
- ☐ Coquinou
- ☐ Foufou
- ☐ Boubou
- ☐ Crapouillou
- ☐ mon relou

- ☐ mon choupinet
- ☐ mon gros bébé

- mon canard laqué
- mon riz au lait
- ma poupée
- mon cochon de lait
- Poulet
- mon p'tit musclé

- mon coco
- mon asticot
- mon abricot
- mon zigogo
- mon chamallow
- mon zigogoto
- ma perle de coco
- mon affreux jojo
- mon joyeux joyau

- la chair de ma chair
- mon p'tit derrière
- mon poisson des mers
- mon oiseau des mers
- mon ver de terre
- mon pépère

- ma caille des îles
- ma gosse de vanille
- ma boule de praline
- ma ligne de vie
- mon ouistiti
- Chipie
- Titi
- mon chéri
- mon canari

- ma merveille
- ma huitième merveille
- mon rayon d'soleil
- mon gros nounours
- ma patate douce

Même si vous vous croyez uuuultra-originaux, il y aura toujours un autre marmot qui aura le même surnom que le vôtre. Alors au parc, à la sortie de l'école, à la fête foraine, bref dans tous les endroits susceptibles de regorger de « mon chat », appelez-le par son VRAI prénom ! Ça évitera les confusions.

- ma princesse
- mon petit suisse
- ma puce
- Pupuce

- mon crapaud à roulettes
- ma crevette
- Poupinette
- Poupette
- Choupette
- Mistinguett
- Bichette

- mon poussin
- mon lapin
- mon p'tit coquin
- Ouin-ouin

- mon p'tit pain en tranches
- mon petit ange
- mon sucre d'orge

- ma grosse nounouille
- ma grenouille

- mon petit vieux
- mon p'tit bienheureux
- la pupille de mes yeux
- mon bébé bleu

- mon p'tit duc
- mon p'tit bout en suc'
- mon oiseau des mer du sud

- ma fofolle
- mon chou de Bruxelles
- ma caille

- mon p'tit trésor
- ma poule aux yeux d'or

- ma pierre précieuse
- mon pirate
- mon Playmobil
- mon petit bonhomme de pomme

La palme d'or est attribuée à...

....

....

....

....

(Notez ici le surnom de votre enfant. Si vous avez plusieurs enfants, notez le surnom de celui que vous préférez dans la fratrie. Si, si, on sait bien que vous avez un chouchou...)

Ingrat !

PETIT À PETIT, L'OISEAU FAIT SON NID ET NOUS, LES MAMANS PIGEONS, NOUS SOMMES LÀ POUR LE GUIDER ET LUI APPRENDRE À VOLER DE SES PROPRES AILES. CERTES ! ON DONNE, ON DONNE, SANS RIEN DEMANDER EN RETOUR. CERTES ! MAIS ÇA LUI FERAIT MAL À LA LANGUE DE DIRE MERCI ? HEIN ?

INGRAT !

Dès son premier mot, le petit saligaud a commencé à tâter le terrain. Il vous a regardée avec un grand sourire pour finir par dire : « Papa ! » **C'est papa qui t'a porté pendant neuf mois ? C'est papa qui s'est levé en pleine nuit pour te donner le sein peut-être ? Et c'est papa qui ne peut plus se mettre en maillot deux pièces à cause des vergetures et du gras ?**

INGRAT !

Vous avez troqué votre Golf Cabriolet pour un Scénic 5 portes, votre lingerie sexy pour un soutien-gorge d'allaitement et votre tapis persan pour un tapis Ikea… **Et, lui… Pfff…**

INGRAT !

Vous avez passé 10 minutes à le concevoir*, 9 mois à le porter, 8 heures à le mettre au monde, 7 ans à lui faire atteindre l'âge de raison, 654 321 jours à veiller sur lui, **et, lui, en retour, qu'est-ce qu'il vous laisse ? Même pas un petit bisou devant l'école, parce que :**

**** Ou 3 minutes, ou 45 minutes… On n'est pas toutes logées à la même enseigne !***

« C'est trop la honte si mes copains te voient ! »

INGRAT !

Vous lui avez sorti le grand jeu : un après-midi de ouf resto-ciné-bowling-limousine et, lui, ce qu'il a préféré ce sont les 10 minutes de vélo avec papa/tonton/mémé/tata !

INGRAT !

Vous avez passé des heures à lire Dolto, vous l'avez inscrit à des ateliers de méditation, de poterie, de peinture, de chant, d'haptonomie, vous avez pris des abonnements au musée, aux bébés yoga (c'est comme les bébés nageurs mais sans le bonnet de bain), etc. Tout ça pour quoi ? **Pour entendre un dimanche matin :**

« T'es plus ma maman ! »

Juste parce que vous avez refusé de lui passer le 38e épisode de *Violetta*.

INGRAT !

Vous avez arrêté de fumer, vous avez arrêté de picoler, vous avez arrêté de sortir, vous avez arrêté de dormir, vous avez arrêté de parler comme un charretier et, lui, à l'adolescence, il refuse de se lever avant midi et vous claque la porte au nez en vous ordonnant de sortir de là !

INGRAT !

Vous avez traversé tout Paris pour trouver l'édition originale de *Peter Pan* dédicacée par la Fée Clochette en personne et, **lui, tout ce qu'il trouve à dire, c'est :**

« Pourquoi c'est pas le Capitaine Crochet qui a signé ? »

Parce qu'il a un crochet au bout du bras !

INGRAT !

Vous vous êtes saignée aux quatre veines pour qu'il ne manque de rien. Vous lui avez tout donné : votre temps, votre argent, votre énergie, votre silhouette... **Et en retour, qu'est-ce qu'il vous dit ?**

« Je peux aller habiter chez mon copain pour toute la vie ? Il y a plus de jouets dans sa chambre. »

Et en voyant votre tête déconfite, il ajoute :

« Mais tu pourras venir me voir le week-end, t'inquiète pas ! »

INGRAT !

Vous mettez le réveil toute la semaine à 6 h 45 pour préparer ses habits, son cartable, son petit déj et réussir à le sortir du lit après qu'il a répété cinq fois en boucle :

« J'suis fatigué, encore dodo, laisse-moi dormir, mammmmmaammm ! »

Et lui, normal, le week-end, quand on débranche le réveil, il se réveille à 7 h pétantes, au garde-à-vous !

C'EST À DEVENIR FOU !

0 + 0 = la tête à Toto !

BONNE NOUVELLE : DÈS LES PREMIERS MOIS, VOUS ALLEZ AVOIR DROIT À VOTRE PREMIER SOURIRE, PUIS, QUELQUES MOIS PLUS TARD, À DES CRISES DE RIRE À N'EN PLUS FINIR. NE CHERCHEZ PAS À COMPRENDRE CE QU'IL Y A DE SI DRÔLE DANS LE BRUIT D'UNE FEUILLE QUI SE DÉCHIRE, OU DANS LE CONTACT DU CUIR, IL Y A DES TRUCS COMME ÇA QUI LE/LA FERONT RIRE À CHAQUE FOIS. VOUS POURREZ ESSAYER 35 FOIS D'AFFILÉE, ÇA DÉCLENCHERA TOUJOURS UN FOU RIRE INSTANTANÉ...

Le rire est donc là très vite !
Et ils ont raison dans Monstres & Cie : le rire d'un enfant, c'est le meilleur des carburants ! Ça tombe bien. Faire rire un enfant, c'est assez facile. Pipi, caca, prout, crotte de nez... et c'est gagné !

En revanche, pour que votre enfant vous fasse rire, vous, c'est moins évident !... Volontairement, je veux dire. Non, parce que, sinon, il vous fait rire tous les jours avec ses expressions remixées, les mots qu'il n'arrive pas à prononcer, le chocolat qu'il se met dans le nez, les histoires qu'il invente...

Être drôle, ça s'apprend, et ça prend du temps ! Le sens de l'humour et le sens de l'amour sont étroitement liés. Vous allez vous en taper des histoires drôles pas drôles, des 0 + 0 = la tête à Toto, des blagues Carambar et des jeux de mots ratés, mais si vous l'aimez, vous en redemanderez, et vous finirez par être récompensée.
Patience... Tout vient à point à qui sait attendre. Le jour sacré viendra où, enfin, après plusieurs années à faire semblant, vous rirez vraiment !

Un jour où votre bambin vous dira, l'air de rien...

MAMAN, TU AS DÉJÀ VU UNE TOMATE CHANTER ?

NON, POURQUOI !?

PARCE QUE MOI J'AI DÉJÀ VU UNE CAROTTE RAPPER !

Alléluia !

UN ESCARGOT CROISE UNE LIMACE ET DIT : OUAAAAAAH, LA DÉCAPOTABLE !

Alléluia !

DEUX COCCINELLES FONT LA COURSE, LA PREMIÈRE S'ARRÊTE ET DIT : ATTENDS, J'AI UN POINT DE CÔTÉ.

Alléluia !

IL Y A DEUX PIZZAS DANS UN FOUR. LA PREMIÈRE DIT :
– OH LÀ LÀ, QU'EST-CE QU'IL FAIT CHAUD ICI !
ET L'AUTRE RÉPOND :
– AU SECOURS ! UNE PIZZA QUI PARLE !

Alléluia !

C'EST L'HISTOIRE D'UNE ***

Euh, non là, on va quand même attendre encore quelques années...

...
Alors le pipi-caca, il fait un prout avec sa crotte de nez zizi !
HAHA HA HA HAHA

Parlez-vous la même langue que votre enfant ?

QUAND VOTRE ENFANT RÉCLAME SON « TAO », POUR VOUS, C'EST ÉVIDENT, C'EST QU'IL VEUT SON PISTOLET À EAU. MAIS TOUTE AUTRE PERSONNE NORMALEMENT ÉQUIPÉE D'UN APPAREIL AUDITIF SAIN SE DEMANDERA S'IL S'AGIT D'UN TAROT, D'UN TACO, D'UN TEXTO, D'UN TABLEAU, D'UN TRICOT.

NIVEAU 1

CRÈCHE ET MATERNELLE

Pour brancher le décodeur, reliez les points.

- POPOP
- CALALE
- CAMAREL
- OUAFOUAF
- CAPATULTE
- DESSINIMÉ
- PURÉE DE CROTTES
- SEIZE

- DESSIN ANIMÉ
- PURÉE DE CAROTTE
- CHEVAL
- CARAMEL
- CHAISE
- CATAPULTE
- CHIEN
- COMPOTE

NIVEAU 2

PRIMAIRE

Pour brancher le décodeur, trouvez le bon mot.

BOURRIQUE – SCIATIQUE – SABBATIQUE – DÉPART – ROLLERS – COCCYX – SABLE

RETOUR À LA CASE DES RARES
ROLLIERS À ROULETTES
ANNÉE SYMPATHIQUE
NERF ASIATIQUE
JE SUIS TOMBÉ, JE ME SUIS CASSÉ LE CLITORIS
LE MARCHAND DE TABLES
TOURNER EN BOUTIQUE

NIVEAU 3

COLLÈGE VS MAMIE

Pour brancher le décodeur, reliez les points.

LOL/MDR ○	○ JE SUIS TRÈS ENTHOUSIASTE ET MOTIVÉ.
DANS MON TER-TER ○	○ C'EST BATH !
FRAIS ! ○	○ RIDICULISÉ
SE FAIRE BOLOSSER ○	○ PROCRASTINER
CAS SOC' ○	○ IDIOT DU VILLAGE
BOLOSS ○	○ POURRAIS-TU M'ENVOYER UNE PETITE VIDÉO PAR COURRIEL ?
CASSÉ ○	○ BLOUSON NOIR
ON VERRA DEMAIN, WESH ○	○ SE FAIRE ESCROQUER
CHUI DETER' ○	○ DANS MON LOTISSEMENT/ MA ZONE PAVILLONNAIRE
ENVOIE UN SNAP ○	○ QUE C'EST DRÔLE ! JE M'ESCLAFFE.

Mon p'tit dico

NOTEZ ICI SES BONS MOTS HILARANTS. À LUI RELIRE LE JOUR DE SES 18 ANS !
AMBIANCE DE OUF GARANTIE !

A

B

C

D

E

F

G

H

I

J

K

L

M

N

O

P

Q

R

S

T

U

V

W

X

Y

Z

SALE GOSSE

La vérité sort de la bouche des enfants

DIFFICILE DE LEUR APPRENDRE QUE « CE N'EST PAS BEAU DE MENTIR » ALORS QUE L'ON PASSE NOTRE TEMPS À LEUR FAIRE CROIRE AU PÈRE NOËL, À LA PETITE SOURIS, AUX CLOCHES DE PÂQUES, À LA PAIX DANS LE MONDE ... SANS COMPTER LE NOMBRE DE FOIS OÙ « PAPA ET MAMAN VONT FAIRE DODO, IL NE FAUT PAS LES DÉRANGER » ... ON EST TOUTES DES MYYYTHOOO !

Et pourtant malgré toutes ces années de mensonges éhontés, ils continuent à nous balancer la vérité, toute la vérité, rien que la vérité ! Bing !

« La vérité sort de la bouche des enfants », c'est vrai, et souvent, c'est gênant !

LE MATIN AU RÉVEIL QUAND TU VAS LES EMBRASSER.

Maman tu sens mauvais

QUAND TU DIS AUX CONTRÔLEURS QUE TU AS PERDU TON TICKET.

Mais non maman, on a joué à saute-mouton au tourniquet, t'as oublié ?

QUAND TU METS UN SAROUEL POUR LES EMMENER À L'ÉCOLE.

Mais maman on dirait un pyjama !

QUAND TU DIS À LA MAÎTRESSE QU'IL N'EST PAS VENU MERCREDI MATIN CAR IL ÉTAIT CHEZ LE MÉDECIN.

Ah bon ? Il est docteur ton copain chez qui on a fait la fête ?

QUAND TU TE DISPUTES AVEC SON PAPA.

Attention papa : si tu continues comme ça, maman elle va prendre un autre amoureux !!!

QUAND TU AS MANGÉ DES FLAGEOLETS.

Maman elle a pété toute la soirée hier !

QUAND TU DIS À UN SDF : DÉSOLÉE, JE N'AI PAS DE MONNAIE !

Mais si maman : la boulangère, elle t'a rendu plein de pièces !

QUAND TU DIS QU'IL A MOINS DE 5 ANS À LA BILLETTERIE DU MUSÉE, DU PARC D'ATTRACTION, DU CINÉ.

C'est même pas vrai : j'ai 5 ans et demi, moi d'abord !

Alors Léon, tu as passé un bon weekend ?
Oui maitresse ! Mais pas maman ! Elle a vomi tout dimanche parce qu'elle avait bu trop de bière et que dedans y'a de la colle. Et maman elle aime beaucoup ça la colle.

Le pourquoi du comment

ATTENTION ! UN « POURQUOI ? » PEUT EN CACHER UN AUTRE, OU DEUX, OU TROIS CENTS... LES « POURQUOI ? », C'EST COMME LES KILOS : IL Y EN A RAREMENT UN SEUL EN TROP ! ALORS, INSPIREZ À FOND, VOUS PARTEZ POUR UNE PLONGÉE EN APNÉE DANS UN TROU SANS FOND.

POURQUOI T'AS MIS TES " NULETTES " DE SOLEIL ?

PARCE QUE ÇA ME FAIT MAL AUX YEUX QUAND IL Y A TROP DE SOLEIL.

ET POURQUOI ÇA TE FAIT MAL AUX YEUX QUAND IL Y A TROP DE SOLEIL ?

PARCE QUE J'AI LES YEUX BLEUS ET LES YEUX CLAIRS SONT SOUVENT SENSIBLES.

ET POURQUOI LES YEUX CLAIRS SONT SOUVENT SENSIBLES ?

PARCE QUE... EUH... (SOS, MON AMI WWW.GOOGLE.FR !) PARCE QUE LES YEUX CLAIRS DISPOSENT DE MOINS DE PIGMENTS MÉLANIQUES PROTÉGEANT DES RAYONS ULTRAVIOLETS, ILS SERAIENT PLUS PHOTOSENSIBLES ET DONC PLUS FRAGILES AUX RAYONS LUMINEUX. NÉANMOINS, LE DOCTEUR GILLES RENARD DE L'HÔPITAL DE L'HÔTEL-DIEU (PARIS) AFFIRME QUE LA COULEUR DES YEUX N'A PAS DE RAPPORT PARTICULIER AVEC LA SENSIBILITÉ DE CEUX-CI À LA LUMIÈRE...

ET POURQUOI LE DOCTEUR, C'EST UN RENARD ?

...

Mais rassurez-vous, si vous n'avez pas la moindre idée pour expliquer le pourquoi du comment la terre est ronde ? Pourquoi votre mère est blonde ?

Pourquoi les haricots sont verts ?
Pourquoi il y a des chiffres impairs ?
Pourquoi il ne faut pas manger son père ?
Pourquoi il y a des fusibles 10 A ?
Pourquoi on fait caca ?
Pourquoi on a dix doigts ? Pourquoi on dit « pourquoi ? »
PERSONNE NE SAIT ! À part Julien Lepers, à la rigueur, et encore, c'est de la triche, il avait des fiches...

En fait, votre enfant s'en fiche de l'explication, il veut juste entrer en communication !

VOUS AVEZ DONC TROIS OPTIONS.

1. Inventez une réponse. De toute façon, il ne sait pas lire, comment il va vérifier ?
2. Cherchez une vraie réponse avec lui sur le net.
3. Dévalisez la bibliothèque : il y a des livres géniaux sur le sujet.

Dans les trois cas, armez-vous de patience, et d'un peu d'humour aussi, ça peut aider.

Attention, certains POURQUOI peuvent être plus gênants que d'autres...

Pour les plus créatifs, inventez-vous un personnage de professeur savant qui sait tout et servez-lui des explications pseudo-scientifico-politico-historico-mythos !
Si ça ne le fait pas rire, lui, ça fera au moins rire votre compagnon. Ou pas !

SALE GOSSE

Comment survivre à la fête des mères ?

CERTES, C'EST UNE FÊTE COMMERCIALE (ENCORE !), IMPOSÉE PAR PÉTAIN TOUT ÇA. BEURK, CACA. MAIS, DANS LES PREMIÈRES ANNÉES, UNE MAMAN A BESOIN D'UN CADEAU MOCHE FAIT PAR LES PETITES MAINS DE SON BAMBIN. ET SI LA MAÎTRESSE, LA CRÈCHE OU LE PAPA N'ONT RIEN PRÉVU POUR L'OCCASION, C'EST LA DÉCEPTION. JE PARLE EN CONNAISSANCE DE CAUSE...
PEU IMPORTE CE QU'ILS NOUS APPORTENT – ON S'EN MOQUE –, ON VEUT JUSTE MARQUER LE COUP !

Tous les ans, c'est la même histoire : qu'est ce qu'on va bien avoir ?

Cochez les cadeaux que vous avez déjà reçus.

☐ Une parure de bijoux
☐ Une boîte à bisous
☐ Un poème trop mignon
☐ Une boîte de bonbons
☐ Un fer à repasser
☐ Une machine à laver*

**** Cadeaux non validés, même si ça RiM !***

☐ Un cadre photo peint de ses petites mains
☐ Un poème improvisé qui parle de vous dans une fusée/qui fait l'éloge de vos nénés

☐ Un « beau » bracelet en bois
☐ Une boîte de chocolats
☐ Une jolie poésie

☐ Une boîte en origami
☐ Un dessin de vous avec des grandes oreilles et un p'tit cou
☐ Un cendrier en plâtre
☐ Un collier de pâtes (bio et sans gluten)

☐ Un dessin de ses mains
☐ Un coffret de parfums
☐ Un beau collier de nouilles
☐ Un vase en peau... de serpent

Collez ci-dessous le poème reçu accompagné d'un bisou.

Quel que soit le présent, le plus important, c'est le :

« bonne fête, maman ! »

Alors tu sors ton super-sourire, celui qui sert, quand tu ne sais pas quoi dire : entre « Oooooh, super ! Un huitième collier de pâtes ! » et « Mais qu'est ce que tu veux que je fasse de ce vide-poche en plâtre ? »

Soyons honnêtes : nos cadeaux sont pas toujours super-chouettes, mais qu'ils soient en pâtes, en plâtre, en adhésif, en or massif, ils nous rappellent, une fois par an, qu'on est tous les jours des **super-mamans** !

cela peut être bien pratique...

SALE GOSSE

Votre enfant a-t-il l'esprit de contradiction ?

PAS BESOIN D'ATTENDRE QU'IL SE FASSE TATOUER MTM (M' TA MÈRE) OU QU'IL PARTE FAIRE LE TOUR DE LA PATAGONIE À CLOCHE-PIED POUR DÉCELER CHEZ VOTRE REJETON UNE CERTAINE CAPACITÉ À VOUS FAIRE TOURNER EN BOURRIQUE.

Depuis sa naissance, il a une fâcheuse tendance à vous contredire.
Il dort le jour et joue la nuit.
Ses jouets préférés sont ceux qui font le plus de bruit.
Et quand vous dites : « Non », lui, il dit : « Oui ! »

Rebelle ou docile ? Dominé ou dominant ? Apprenez à repérer les traits de caractère de votre chérubin ou de votre diablotin.

Si, quand vous dites BON, il dit MAUVAIS :
c'est qu'il a l'esprit de contradiction.
Si, quand vous dites BON, il dit BON :
c'est qu'il est gourmand !

Si, quand vous dites THON, il dit SAUMON :
c'est qu'il a l'esprit de contradiction.
Si, quand vous dites THON, il dit THON :
c'est qu'il vous a prise pour votre frère !

Si, quand vous dites BEAU, il dit LAID :
c'est qu'il a l'esprit de contradiction.
Si, quand vous dites BEAU, il dit BEAU :
c'est qu'il s'est coupé le doigt !

Si, quand vous dites TOUT, il dit RIEN :
c'est qu'il a l'esprit de contradiction.
Si, quand vous dites TOUT, il dit TOUT :
c'est qu'il veut aller jouer avec le chien !

Si quand vous dites GULLI, il dit NRJ12 :
c'est qu'il a l'esprit de contradiction.
Si quand vous dites GULLI, il dit GUILI :
c'est qu'il veut des chatouilles !

Si quand vous dites QUAND, il dit COMMENT :
c'est qu'il a l'esprit de contradiction.
Si quand vous dites QUAND, il dit QUAND :
c'est qu'il veut danser en soulevant sa jupe à froufrous !

Si, quand vous dites PI, il dit 3,14 :
c'est qu'il a la bosse des maths et que c'est un génie.
Si, quand vous dites PI, il dit PI :
c'est qu'il faut l'emmener aux W.-C. !

Si, quand vous dites TARD, il dit TÔT :
c'est qu'il a l'esprit de contradiction.
Si, quand vous dites TARD, il dit TARD :
c'est qu'il ne sera jamais végétarien !

Si, quand vous dites TÔT, il dit TARD :
c'est qu'il a l'esprit de contradiction.
Si, quand vous dites TÔT, il dit TÔT :
apprêtez-vous à vous payer une bonne tranche de rigolade ! Ou pas !

Mon fils, ce héros !

AVANT D'AVOIR UN ENFANT, ON SE DOUTE QU'IL FAUDRA LUI APPRENDRE À MARCHER, À PARLER, À LIRE, À ÉCRIRE… MAIS IL Y A AUSSI TELLEMENT DE CHOSES QU'ON N'AURAIT PAS IMAGINÉES : LUI APPRENDRE À SAUTER, À CRACHER, À DORMIR PLUS DE DEUX HEURES D'AFFILÉE, À RIRE SANS AVOIR LE HOQUET… QUAND ON N'A PAS D'ENFANT, ON NE SAIT PAS À QUEL POINT TOUCHER SON FRONT, C'EST UNE RÉVOLUTION, LEVER LE DOIGT, UN EXPLOIT, ARRIVER À BOIRE, UNE VICTOIRE…

Tous les jours, on marche sur la lune pour la première fois !
Alors, bien sûr, il y a les premiers pas, les premiers baisers, les premières rentrées… mais il y a surtout tout un tas de petites premières fois auxquelles on n'avait pas pensé !
Voir son enfant grandir et accomplir des tâches qu'il n'arrivait pas à faire la veille, c'est une merveille, le plus beau spectacle au monde !
Alors, oui, on s'extasie…
De tout et n'importe quoi : lorsqu'il claque des doigts, cligne des yeux, compte jusqu'à trois (en oubliant le deux), reconnaît le rouge du bleu, fait de la trottinette, mange avec sa fourchette, attrape son biberon, dessine des ronds, fume sans tousser*…

**** Ah, non, pardon ! J'oubliais que votre enfant, même adolescent, sera parfait…***

Tout ça paraît tellement basique, mais ces premières fois sont magiques.
On a envie d'applaudir, de fêter ça au Champomy.
À tout le monde on a envie de dire que notre enfant est un génie.
On improvise une danse de la joie pour chaque nouvelle première fois.
On est là, bouche bée, tellement émerveillée qu'on pourrait s'envoler avec notre air béat, tellement fière qu'on dirait une montgolfière (mongole, fière).
Chaque exploit est l'occasion de prouver qu'on avait raison : notre enfant est unique !
Ce qu'il fait est exceptionnel, aucun autre enfant au monde ne sait faire des trucs pareils !
Tu es là, chez toi, galvanisée, ivre de fierté, tu te connectes pour dire au monde entier que ton enfant est surdoué, tu vas sur les réseaux sociaux publier une énième photo, et là…
Tu tombes sur le lien d'une vidéo d'un gamin à peine haut comme trois pommes mais qui rappe comme un bonhomme, qui sait déjà faire des claquettes comme Fred Astaire, une virtuose du violon, un champion d'improvisation, une danseuse hors pair, un pianiste extraordinaire, une gymnaste surdouée, un as de la dictée, une as de la dictée, un gymnaste surdoué (#paritébébé).

BON, O.K., MON ENFANT N'EST PEUT ÊTRE PAS SURDOUÉ, MAIS C'EST LE MIEN !

Elle a dit son premier mot à 4 mois. Elle est surdouée. Et vous ?
Oh, il ne parle pas encore. Mais il sait roter à volonté. Voilà, voilà.
Maman. Maman.
Beeuuarp

SALE GOSSE

Les prédestinés child

ON A TENDANCE À SE METTRE UNE PRESSION DE MALADE QUANT À L'AVENIR DE NOS ENFANTS. COMME SI TOUT REPOSAIT SUR NOUS, SUR CE QU'ON VA LEURS TRANSMETTRE, LEURS APPRENDRE, NOS LACUNES, NOS RANCUNES, NOS FORCES, NOS FAIBLESSES, NOS GROSSES FESSES...

Nos enfants héritent de nos gènes, de notre ADN, de notre patrimoine immobilier et/ou génétique, et ça, on ne peut rien y changer : si on a un gros nez, on a un gros nez ; si on a les oreilles décollées, on a beau se les être fait recoller au lycée, ça n'empêchera pas qu'il risque de se faire appeler « Feuilles de chou » à la récré ! Pour tout ça, on ne peut pas grand chose.

En revanche, l'éducation, la culture, l'ouverture au monde, la curiosité, l'humour, l'amour découlent de ce qu'on va, ou pas, lui transmettre !

Nonobstant (ça, par exemple, c'est un mot que je ne connaîtrais pas si j'avais été élevée chez mes voisins les Groseille), certaines choses nous échappent !
On a beau dédier notre vie à ce que nos enfants deviennent footballeur/avocat/narcotrafiquant comme papa/maman, parfois, on ne sait pas trop ni pourquoi, ni comment, ça rate quelque part en cours de route !
Si votre rejeton fait une sortie de parcours, ne vous flagellez pas (ne vous flageolet pas non plus) : tout ne dépend pas de vous !

PRÉDESTINÉS À CHOISIR UN MÉTIER ?

MON ENFANT FAIT DES POMPES ET DE LA MARCHE À PIED

↓

Il y a de fortes chances pour qu'il ou elle devienne **POMPIER** quand il sera grand.

MON ENFANT EST NÉ EN MAI ET PORTE SOUVENT DES TRESSES

↓

Il y a de fortes chances pour qu'il ou elle devienne **MAÎTRESSE** quand il sera grand.

MON ENFANT A UN RAT ET IL N'A JAMAIS PEUR

↓

Il y a de fortes chances pour qu'il ou elle devienne **RAPPEUR** quand il sera grand.

MON ENFANT EST POLI ET N'A JAMAIS EU DE TIQUES

↓

Il y a de fortes chances pour qu'il ou elle devienne **POLITIQUE** quand il sera grand.

MON ENFANT A PERDU DEUX DENTS EN MORDANT SA SŒUR

↓

Il y a de fortes chances pour qu'il ou elle devienne **DANSEUR** quand il sera grand.

MON ENFANT A LA PÊCHE ET SE LÈVE DE BONNE HEURE

↓

Il y a de fortes chances pour qu'il ou elle devienne **PÊCHEUR** quand il sera grand.

MON ENFANT JOUE AUX BOULES, ON HABITE À ANGERS

↓

Il y a de fortes chances pour qu'il ou elle devienne **BOULANGER** quand il sera grand.

MON ENFANT AIME LES CONTES ET MET SOUVENT LA TABLE

↓

Il y a de fortes chances pour qu'il ou elle devienne **COMPTABLE** quand il sera grand.

On s'détend

Défoulez-vous dans l'espace prévu à cet effet

ON S'DÉTEND

Comment ne pas péter les plombs ?

QUELLES QUE SOIENT LES RAISONS : LES CRIS, LES PLEURS, LES PUNITIONS, LES TACHES, LES TROUS DANS LA MAISON, LES COINS, LES POINGS, L'ÉDUCATION, VOUS ÊTES À DEUX DOIGTS DE PÉTER LES PLOMBS ? NOS ENFANTS, ON A BEAU LES AIMER À LA FOLIE, PARFOIS ON A JUSTE ENVIE DE !!☠✿✱#...

Si vous n'avez pas de crayons de couleur à disposition pour gribouiller dans le cadre ci-contre, voici quelques solutions pour éviter le burnout maternel.

Solution n° 1

Crier dans un coussin.
Ou dans votre cousin s'il est dans le coin.

Solution n° 2

Taper dans un punching-ball. Si vous n'en avez pas à disposition, prenez la plus grosse peluche de votre enfant ou bien l'épaule ou le bidon de votre mari (je suis sûr qu'ils sont bien rebondis).

Solution n° 3

Faire un footing.
Ah, mince, vous êtes seule avec le petit ? Impossible de sortir ? Qu'à cela ne tienne : faites le tour du tas de linge sale, vous en avez bien pour 10 minutes !

Solution n° 4

Secouer une bouteille d'Orangina en criant : « Mais pourquoi est-il aussi méchant ? »
Bonus : n'ouvrez pas la bouteille ensuite, je répète, n'ouvrez pas la bouteille ensuite... Trop tard !

Solution n° 5

Presser 1 kg d'oranges, de pamplemousses, de citrons. Ou de tout ce qui vous passe par la main, hormis votre bambin !

Solution n° 6

Taper sur un djembé, un tam-tam, un tambour. Ou sur tout ce qui vous passe par la main, hormis votre bambin !

Solution n° 7

Déplumer un poulet.
Si vous êtes végétarienne, vous pouvez ôter le foin d'un artichaut.
Mais ça ne fait pas tout à fait le même effet...

Solution n° 8

Récurer la salle de bain.
Ou mieux, les W.-C.
Parce que ça fait @**%* !!!

Solution n° 9

Faire de la méditation.
Chanter une chanson.

Solution n° 10

Appeler votre meilleure copine, votre belle-mère, votre voisine.

Bisous power

MAINTENANT, VOUS ÊTES LARGEMENT PRÉVENUE : LES NUITS POURRIES, LES TACHES DE VOMI, LES CHAMAILLERIES, LES BLESSURES DE LEGO, LES BUDGETS PETITS POTS, L'EXPLOSION DU CERVEAU… ARRIVÉE À CE STADE, VOUS CONNAISSEZ LA VÉRITÉ : LES ENFANTS, CE N'EST PAS QUE DU BONHEUR ! MAIS BEAUCOUP QUAND MÊME, NON ? COMMENT FONT-ILS, MALGRÉ TOUT, POUR RESTER SI MIGNONS ? ILS ONT À LEUR DISPOSITION UNE ARME SECRÈTE DE DESTRUCTION MASSIVE : LES **BISOUS** !

Il suffit d'un **bisou**
sur la joue pour oublier à peu près tout.
Il suffit d'un **bisou** sur le nez pour oublier son jean troué.
Il suffit d'un **bisou** sur le front pour oublier les gribouillis sur le mur du salon.
Il suffit d'un **bisou** sur la main pour oublier que ça fait trois ans
qu'on n'a pas pris de bain.
Il suffit d'un **bisou** sur le bras pour oublier qu'on ne dort plus depuis des mois.
Un **bisou**, ça peut tout effacer !
Comme les petits pistolets laser des Men in Black, ça efface le pire de votre
mémoire pour ne garder que le meilleur.
Oubliés le tabac, le cola, le Nutella, la MDMA, le poker, les bières, les prières,
Candy Crush, les jeux à gratter, le sport. C'est du pipi de chat tout ça !
Votre nouvelle addiction, c'est les **bisous** de votre rejeton !
Vous ne pouvez plus vous en passer.
Son odeur, ses cheveux, sa peau, ses mains, il vous suffit de le renifler
pour recharger vos batteries car, à présent, c'est lui le sens et l'essence*
de votre vie.

**** Ou votre prise électrique,***
si vous conduisez une hybride.

Coller ici la photo
de votre enfant chéri-
adoré-de-votre-cœur
et en cas de manque,
embrassez à volonté !

Notre belle famille

S'ENTRAIDER

TOUJOURS SE FAIRE CONFIANCE

Faire de son mieux

PRENDRE SOIN DE SES AFFAIRES

REMETTRE LES CHOSES À LEUR PLACE

Partager

S'ÉCOUTER

SE RESPECTER

NE PAS RÂLER

NE PAS CRIER

RIRE

Se faire des bisous

S'AMUSER

S'aimer

To do list

« MAMAN, POURQUOI LA DAME A DES GROS SEINS ? »
« ÇA SENT MAUVAIS DANS TA BOUCHE ! » ON A TOUS EU DROIT À CES PETITES PHRASES BIEN EMBARRASSANTES QUI TOMBENT PILE-POIL AU MAUVAIS MOMENT, AU MAUVAIS ENDROIT. À VOUS DE NOTER LES VÔTRES.

MES PLUS GROSSES HONTES !

MDR

OMG

WTF ?

MIAM MIAM

ON S'DÉTEND

Bons pour les enfants à offrir aux mamans

BON POUR
Une nuit entière sans être réveillée par : « maman-pipi »

BON POUR
Un bisou

BON POUR
Manger des légumes sans faire d'histoire

BON POUR
Un petit-déjeuner au lit (avec café ET croissants)

BON POUR
Un bouquet de fleurs cueillies par moi-même

BON POUR
Un câlin

BON POUR
Une journée sans faire de tâches sur mes habits

BON POUR
Aller me coucher avant le début du film sans râler

BON POUR
Arrêter de te faire répéter

BON POUR
Un massage

BON POUR
Une balade à pieds (sans demander à ce que tu me portes parce que je suis fatigué)

BON POUR
Le moral

Bons pour les mamans à offrir aux enfants

BON POUR

Une nuit à squatter dans mon lit à choisir p.52

BON POUR

Un bisou

BON POUR

Un plateau-télé (en regardant ton dessin animé préféré en boucle)

BON POUR

Un petit-déjeuner au lit (chocolat au lait ET pain au chocolat)

BON POUR

Une pyjama-party avec deux meilleur(e)s copain(e)s

BON POUR

Un câlin

BON POUR

L'achat d'un nouveau jeu de société

BON POUR

Jouer à la console ou à la tablette autant que tu veux (maxi 2 heures)

BON POUR

Trois activités à choisir p.72-73

BON POUR

Un massage

BON POUR

Un après-midi chez Mickey (c'est dire comme je t'aime !)

BON POUR

Le moral

J'aime
MON
ENFANT

ON S'DÉTEND

Les choses qui me rendent heureuse avec lui

Le mot de la fin

ALORS, NON, CE N'EST PAS FACILE TOUS LES JOURS,
ALORS, OUI, VOUS ALLEZ EN BAVER,
ALORS, NON, CE N'EST PAS « QUE DU BONHEUR »,
MAIS RASSUREZ-VOUS : ON APPREND SUR LE TAS (OU SUR LE TARD)
ET PLUS VOTRE ENFANT VOUS EN FERA VOIR DE TOUTES LES COULEURS,
PLUS VOUS TROUVEREZ DE SOLUTIONS.

À force qu'il vous dise

MAAAAAMAAAAN

tu peux faire ci ?

MAAAAAMAAAAN

tu peux faire ça ?

vous vous ferez pousser un troisième bras.

À force qu'il vous dise

MAAAAAMAAAAN

j'ai peur du noir

vous deviendrez chasseur de cauchemars.

À force qu'il vous dise

MAAAAAMAAAAN

c'est où mon doudou ?

vous apprendrez à repérer à peu près tout. Cela dit, vous étiez déjà bien entraînée avec les chaussettes, les caleçons, les chemises du papa, non ?

À force qu'il vous dise

MAAAAAMAAAAN

je m'a fait mal

vous apprendrez à faire des bisous magiques en rafale.

On a tous reçu un seul et même entraînement : UN SUPER-ENFANT ! (jingle)

C'est à force d'entendre

MAAAAAMAAAAN

pipiiiiiiiiiiipipipipi !

qu'on apprend à trouver des toilettes en plein milieu du Monoprix.

C'est à force d'entendre

MaaaaaMAAAAN

j'ai faiiiiim

qu'on pense à faire cuire les pâtes dans l'eau du bain (pour gagner du temps)

C'est à force d'entendre

MaaaaaMAAAAN

je peux inviter ma copine à la maison ?

qu'on apprend à couper le cordon.

C'est à force d'entendre

MaaaaaMAAAAN

mon trotteur/ spirateur/ordinateur est cassé

qu'on se transforme en Mc Guyver

C'est à force d'entendre

MaaaaaMAAAAN

tu m'files 10 euros ?

qu'on apprend à gagner au loto. Enfin, à jouer... Chaque chose en son temps.

C'est à force d'entendre

MaaaaaMAAAAN

j'ai mal aux pieds, tu peux m'porter ?

qu'on apprend à être super-grosse mais super-musclée.

C'est à force d'entendre

MaaaaaMAAAAN

mes habits sont trop longs

qu'on apprend à recoudre un pantalon

C'est à force d'entendre

MaaaaaMAAAAN

j'ai froid !

qu'on apprend à construire une couverture avec de l'herbe, du p'tit bois, et des canettes de cola.

C'est à force d'entendre

MaaaaaMAAAAN

j'peux avoir ce jouet ? Et ce jouet ? Et ce jouet ?

qu'on apprend à repérer les brocantes et les vide-greniers

En fait, on a besoin
d'eux autant qu'ils
ont besoin de nous !
Si on devient des SUPER
mamans c'est grâce
à nos SUPER enfants :
leur amour, leur humour,
leurs peurs, leurs pleurs,
leurs caprices,
les coup d'vices
leurs chagrins, leurs câlins,
leurs avis, leurs envies ...
Alors du fond du cœur,
MÈRE-ci !

À mon feu d'artiFILS, et à tous les enfants
qui font de nous des Super Mamans !
MèRE-ci
(RiM)

Merci, à mes jolis sauvages, Léon et Ella,
qui ont fait de moi une maman débordée mais comblée.
À mon Dou, Joël, merveilleux amoureux et papa-cool,
et à toutes mes amies mamans et nos joyeux bavardages,
sources d'inspiration inépuisables.
(Liliaimelenougat)

Achevé d'imprimer en mars 2017 en Tchéquie par FINIDR.